U0946701

中国旅游统计年鉴
THE YEARBOOK OF CHINA TOURISM STATISTICS
2012

中华人民共和国国家旅游局
NATIONAL TOURISM ADMINISTRATION OF
THE PEOPLE'S REPUBLIC OF CHINA

中国旅游出版社

1980~2011 年入境旅游人数和国际旅游（外汇）收入
ANNUAL VISITOR ARRIVALS AND TOURISM RECEIPTS 1980–2011

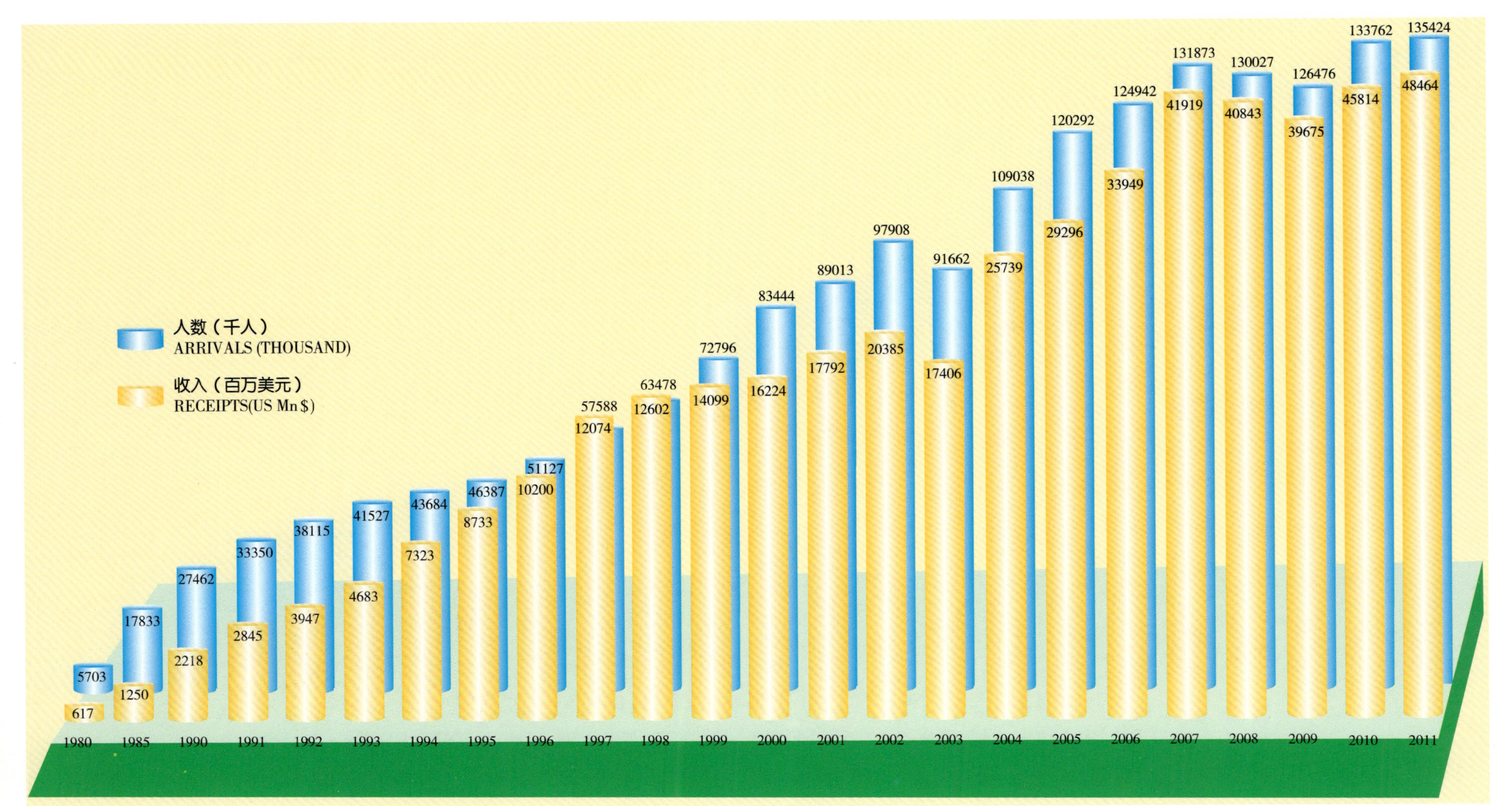

1980~2011 年入境旅游人数和国际旅游（外汇）收入增长速度
ANNUAL INCREASING RATES OF VISITOR ARRIVALS AND TOURISM RECEIPTS 1980–2011

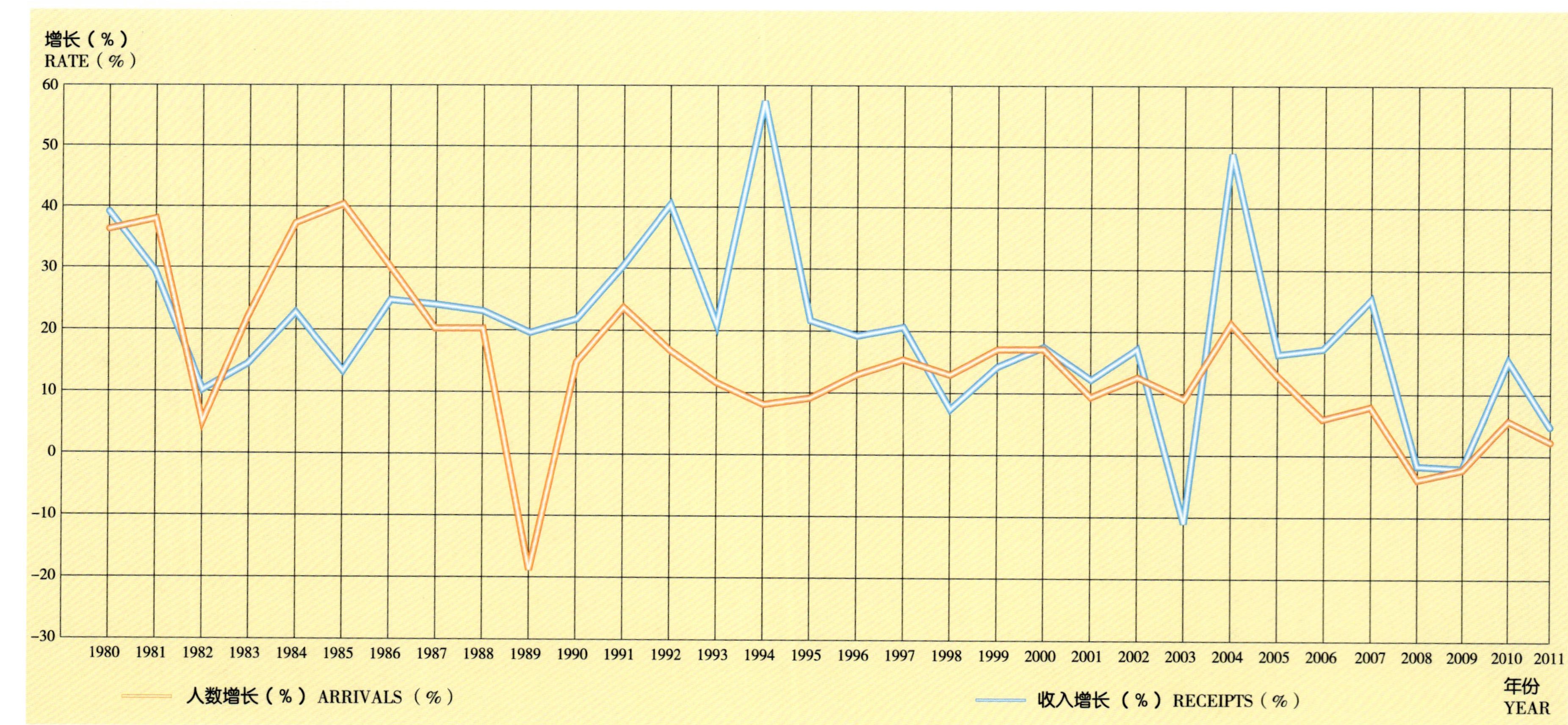

1995~2011 年旅游业总收入增长速度
ANNUAL INCREASING RATES OF TOTAL INCOME OF CHINA'S TOURISM INDUSTRY 1995–2011

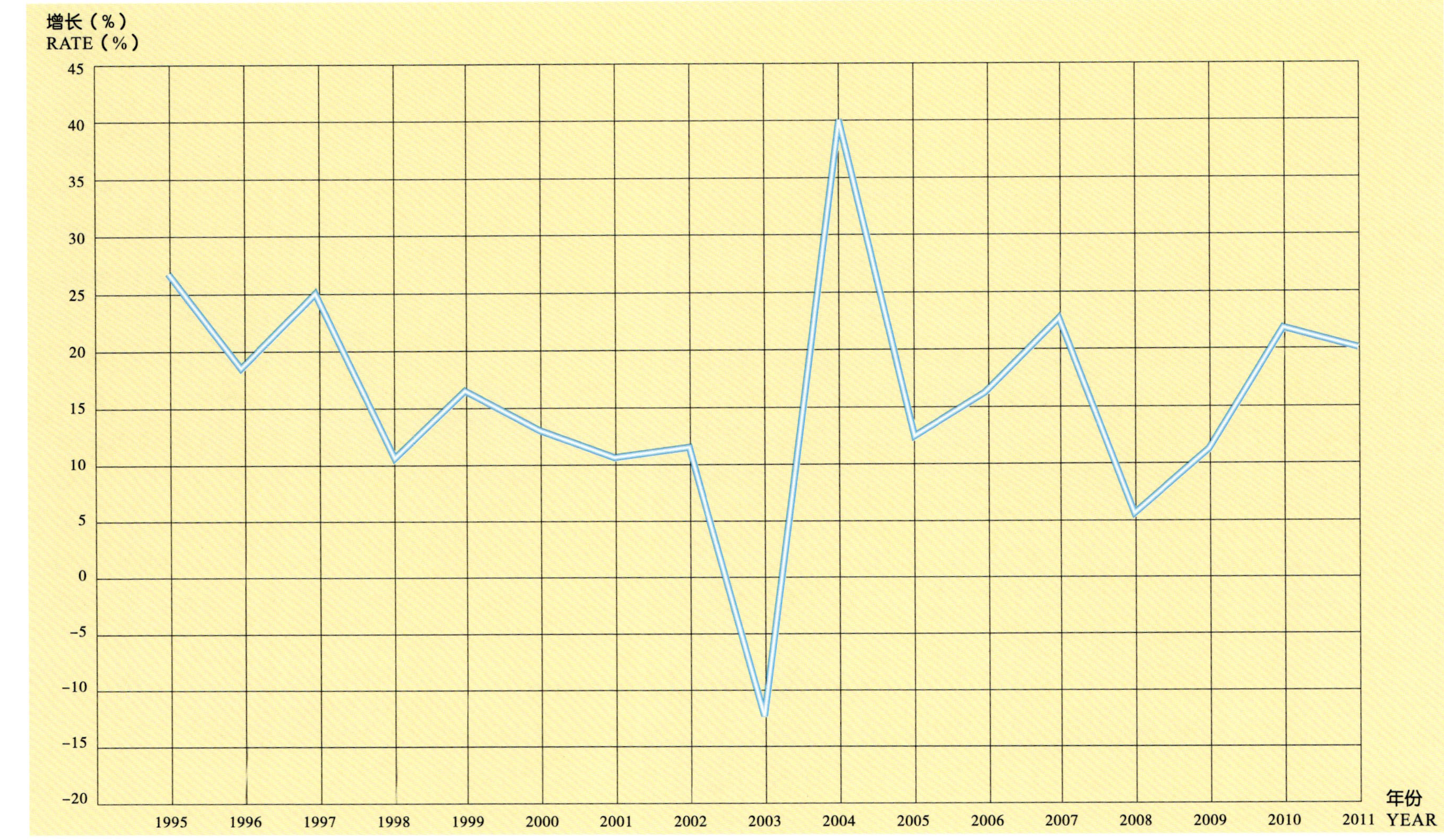

2010~2011 年主要国家入境旅游人数
FOREIGN VISITOR ARRIVALS FROM THE MAIN GENERATING COUNTRIES 2010–2011

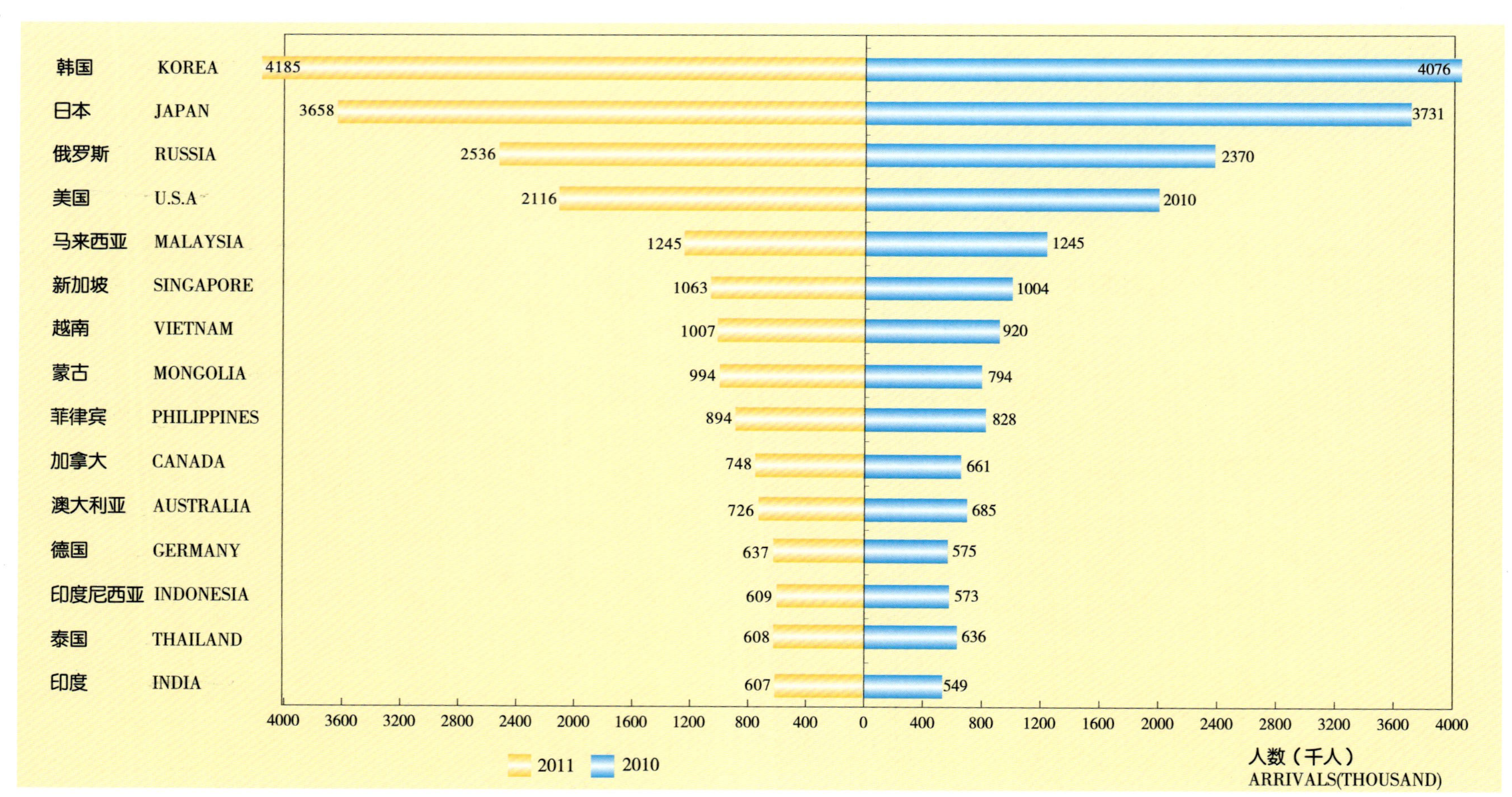

2009~2011 年各月入境外国游客人数
MONTHLY FOREIGN VISITOR ARRIVALS 2009–2011

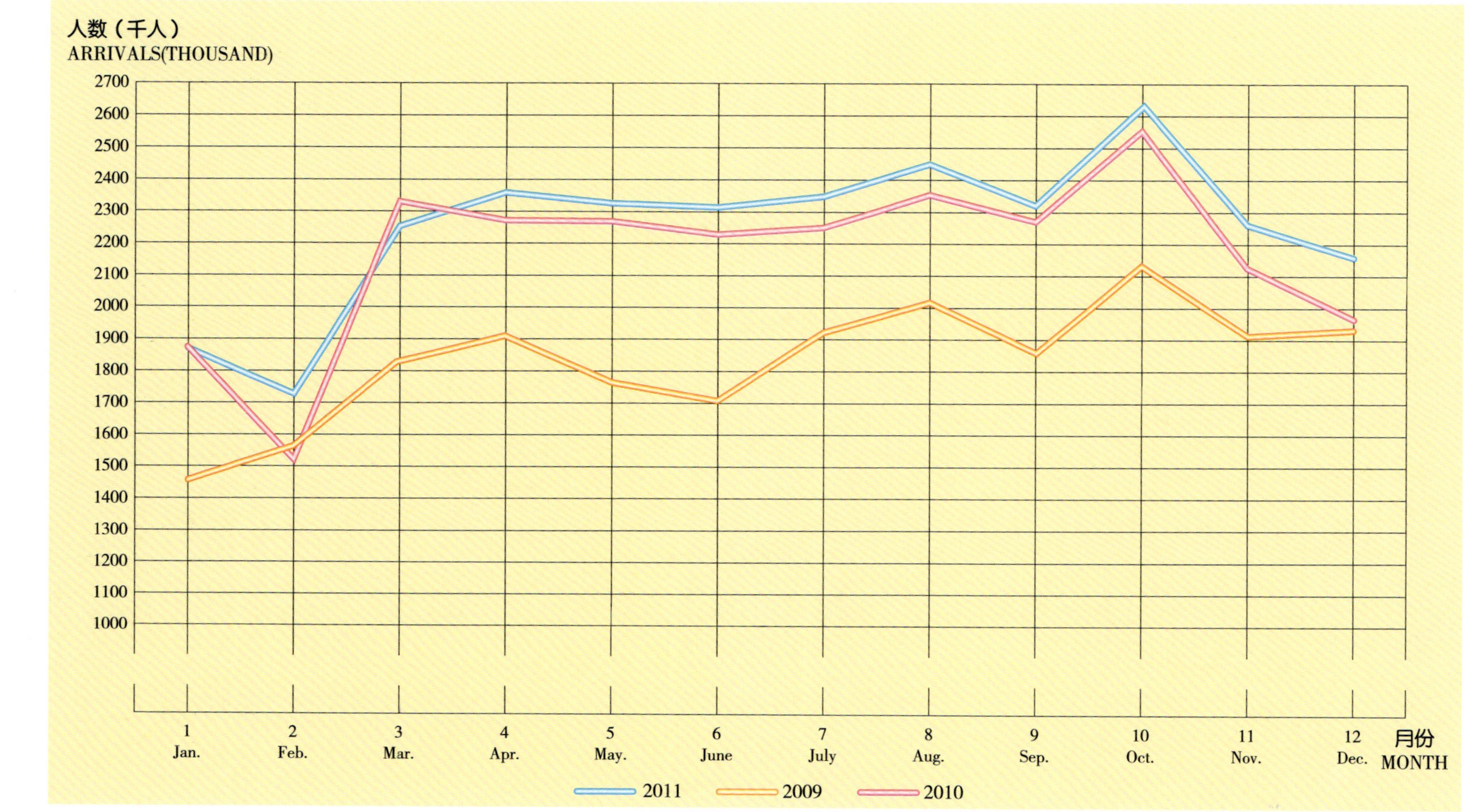

2011 年主要城市接待入境过夜游客人数
ARRIVALS TO MAJOR CITIES 2011

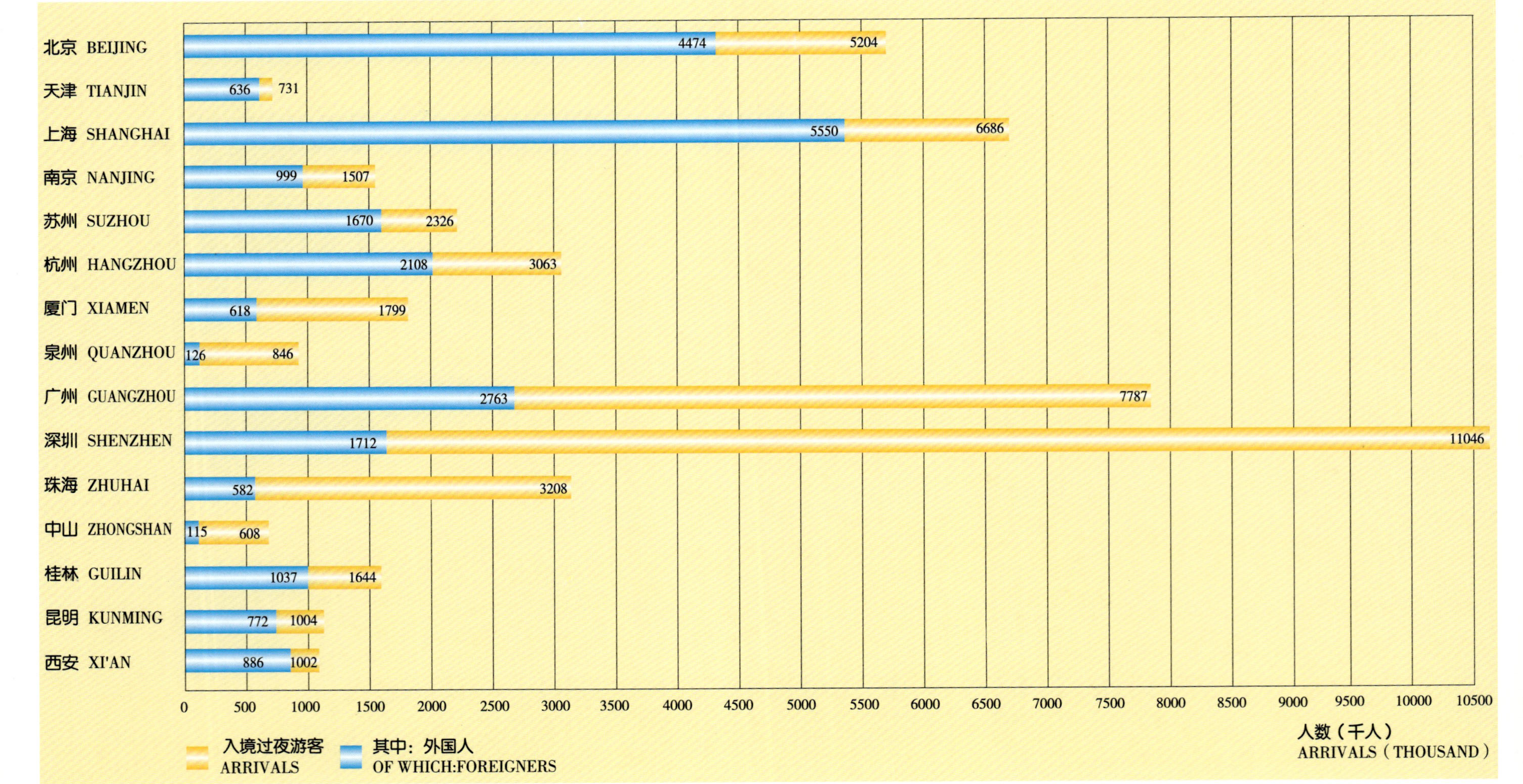

2011 年入境外国游客人数构成（按地区分）
BREAKDOWN OF FOREIGN VISITOR ARRIVALS BY REGION 2011

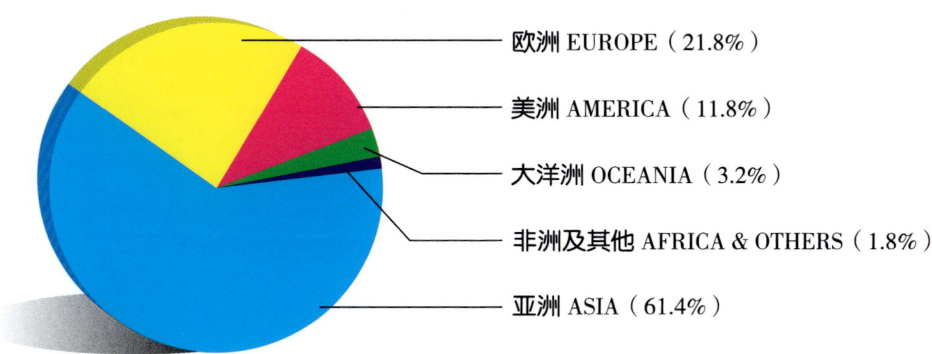

2011 年入境外国游客人数构成（按入境方式分）
BREAKDOWN OF FOREIGN VISITOR ARRIVALS BY MODE OF TRANSPORT 2011

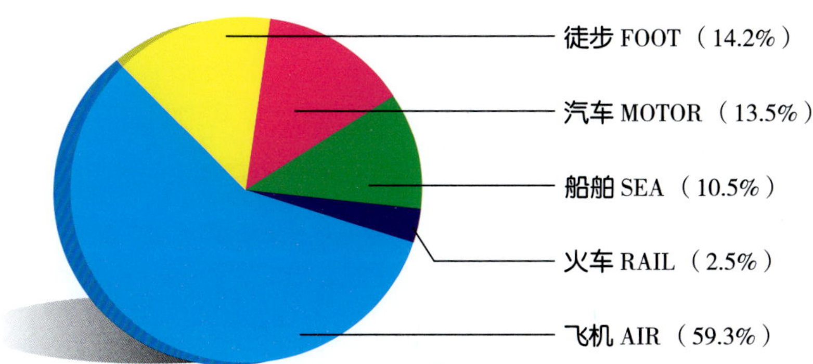

2011 年入境外国游客人数构成（按年龄分）
BREAKDOWN OF FOREIGN VISITOR ARRIVALS BY AGE 2011

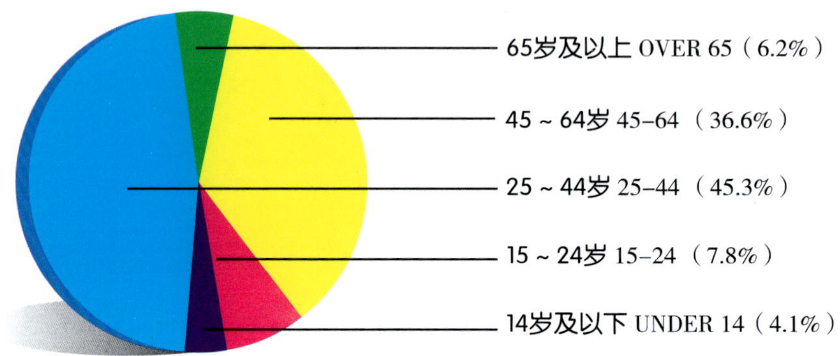

2011 年入境外国游客人数构成（按目的分）
BREAKDOWN OF FOREIGN VISITOR ARRIVALS BY PURPOSE 2011

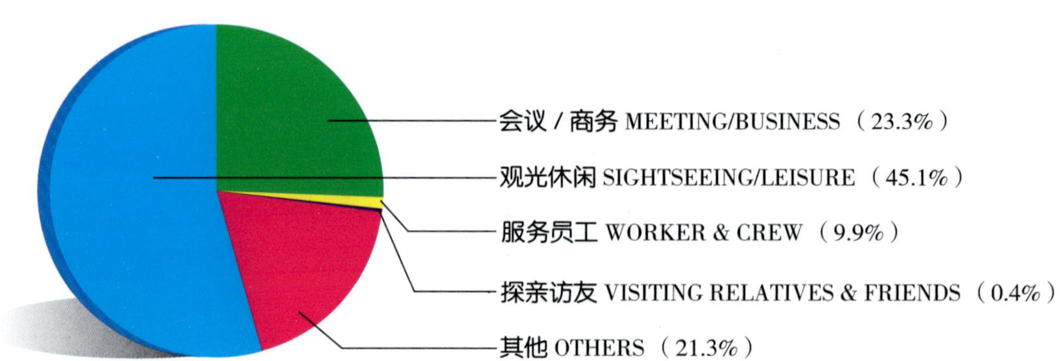

2011 年国际旅游（外汇）收入构成
BREAKDOWN OF INTERNATIONAL TOURISM RECEIPTS 2011

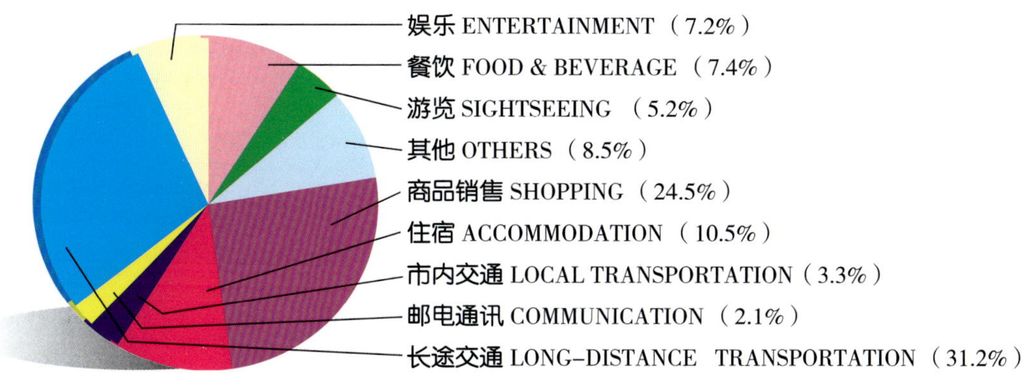

2011 年国际旅游（外汇）收入（按来源分）
INTERNATIONAL TOURISM RECEIPTS 2011

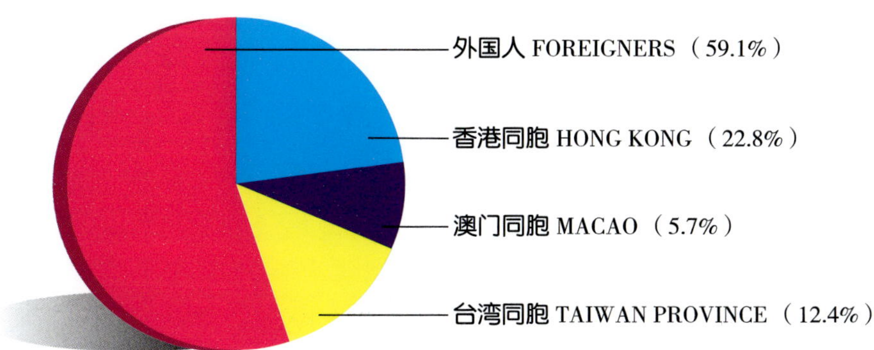

1992~2011 年星级饭店数及客房数
NUMBER OF STAR-RATED HOTELS & ROOMS 1992-2011

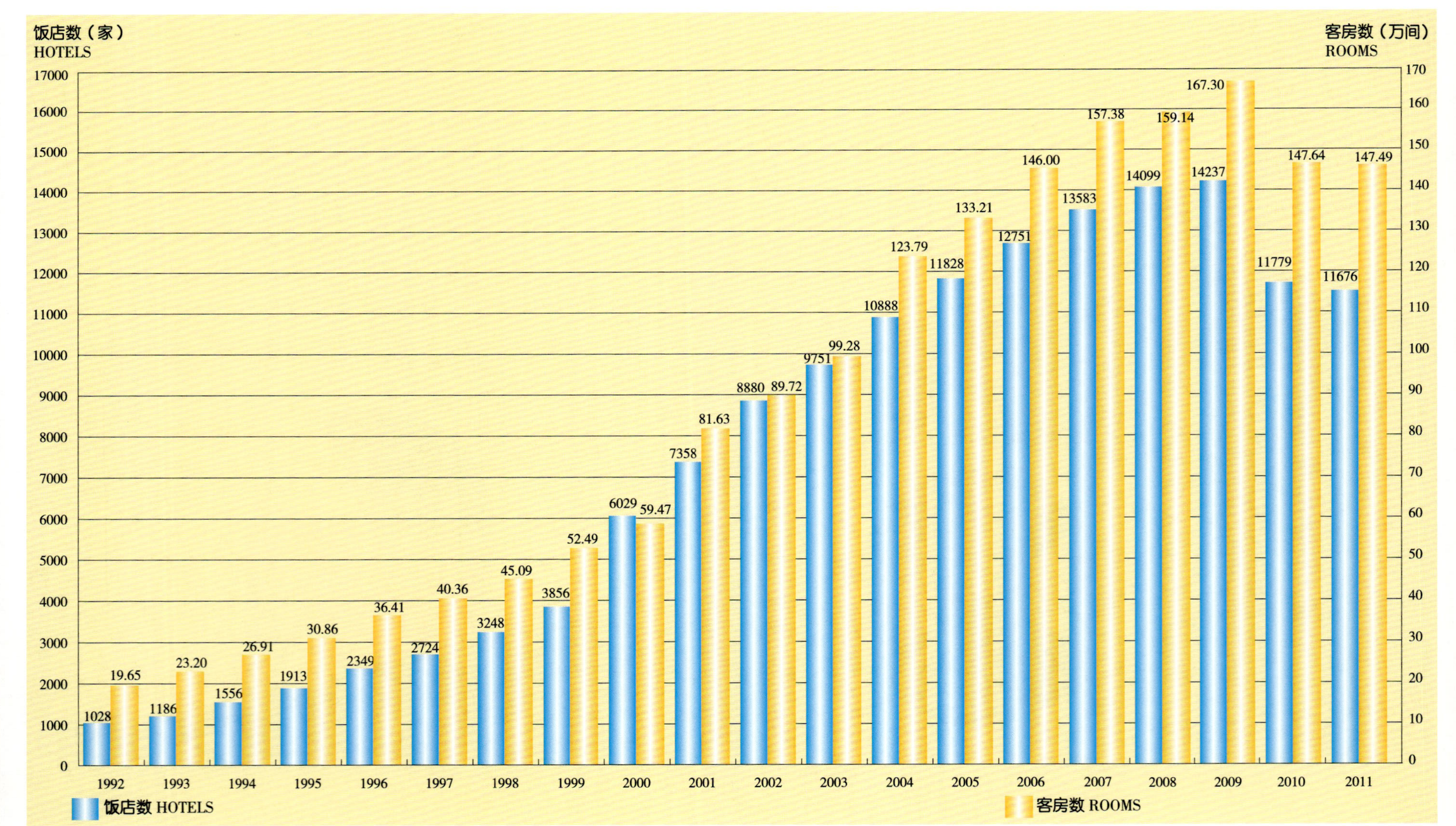

2011 年不同星级饭店的数量及客房数
NUMBER OF DIFFERENT STAR-RATED HOTELS & ROOMS 2011

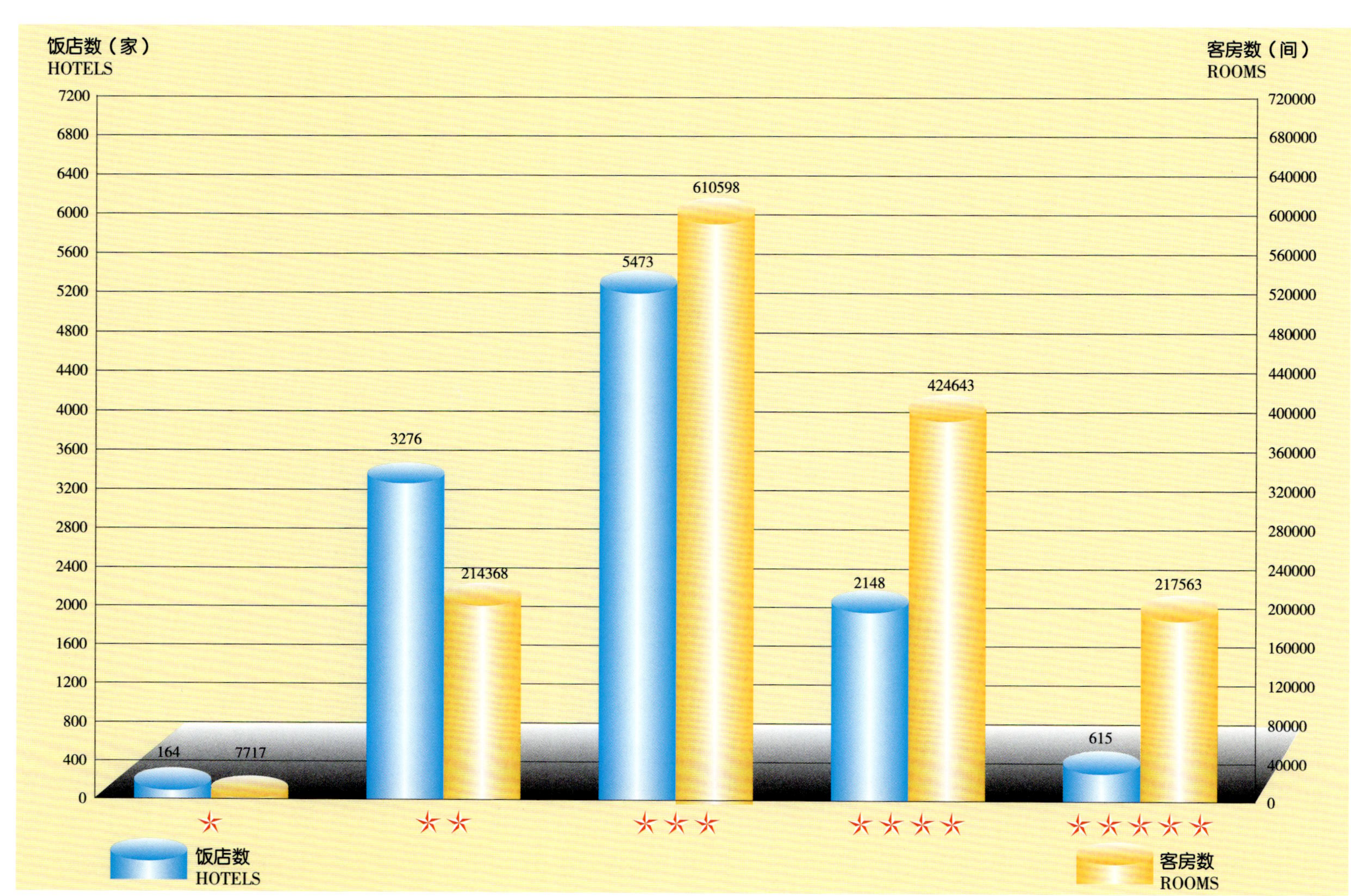

编 者 说 明

《中国旅游统计年鉴2012》是一本全面反映2011年中华人民共和国旅游业发展情况的资料性年刊。全书为中英文对照版本，内容分为：2011年中国旅游业统计公报和入境旅游人数、入境外国游客主要特征、国际旅游（外汇）收入、国内旅游基本情况、地方接待入境过夜游客情况、星级饭店基本情况、旅行社基本情况、旅游景区基本情况、旅游企事业单位基本情况等共九个部分的统计资料。

本年鉴所附的《旅游统计基本概念和主要指标解释》，是对主要旅游统计指标的含义、统计范围和统计方法所作的简要说明。

本年鉴资料来源于全国各地旅游部门、统计部门和公安边检等部门。全国统计数据均未包括我国台湾省、香港特别行政区和澳门特别行政区的数字。本年鉴的统计数字按国家旅游局和国家统计局联合制定的《旅游统计调查制度》规定的口径进行统计和汇总，个别特殊的地方做了注释和说明。在编辑过程中，我们对2011年各月的数字进行了核实、调整，读者在使用时如发现已经公布的统计数字与本年鉴数字不符，则以本年鉴数字为准。

本年鉴是了解中国旅游业2011年发展情况的权威性资料，可供旅游部门、国民经济各有关部门、教学科研单位以及旅游经济的科研人员、大专院校师生使用。海外旅游业同行、有关行业内人士以及入境旅游的外国人、港澳台同胞亦可从中得到有关统计信息。本年鉴中凡带有续表的资料，如有注解均加在第一张表下面，请读者使用时注意。表中有“#”号者表示为该栏的主要项或其中项；有“*”号者表示本表下有注解；空格处表示该项数据不详或以前年份无该数据。统计表下注有资料来源单位，未注明的均为国家旅游局提供。

中国旅游统计年鉴编委会

二〇一二年十一月

INTRODUCTION

The Yearbook of China Tourism Statistics for 2012 is a yearly review with information on the overall development of the tourism industry in the People's Republic of China in 2011. Written in English and Chinese, the information in this Yearbook covers nine aspects: Statistics Report on China's Tourism Industry in 2011 and visitor arrivals to China, major profile of international visitors to China, international tourism receipts, domestic tourism, business of different regions, business of star-rated hotels, business of travel agencies, business of tourist attractions, travel enterprises and non-business institutions.

A note to the Index of Major Statistic Terms is attached at the end of the Yearbook, which gives a brief explanation of the meaning of main tourism statistics, scope and method of data-collecting.

The data of the Yearbook come from the tourism departments, statistical departments, and ports of entry and exit of public security departments throughout the country. The statistics of Taiwan Province, Hong Kong Special Administrative Region and Macao Special Administrative Region are not included. All the data are processed and compiled in line with the requirements set forth in the tourism statistics reporting system jointly formulated by the National Tourism Administration and the State Statistics Bureau, and explanatory notes are provided in some special cases. Re-check and re-adjustments have been made to the figures of each month in 2011, and if some inconsistency is found between the published figures and the figures in this Yearbook, the latter should be taken as authentic.

This Yearbook provides authoritative data on the development of China's tourism industry in 2011, which is useful to tourism departments, relevant departments of the national economy, education and research institutes, and students and teachers. The overseas travel trade, relevant people of the industry and foreign visitors to China, compatriots from Hong Kong, Macao and Taiwan can also benefit from this Yearbook.

In the Yearbook, wherever a table is contiuned on the next page, footnotes are given on the first page. The mark "#" denotes headline entry, while the mark

" * " leads to footnotes. A blank cell means relevant data unclear or the relevant figure for previous years not available. Sources of the data are acknowledged beneath the table. All the unacknowledged data are provided by the National Tourism Administration.

Editing Committee of
the Yearbook of China Tourism Statistics
November, 2012

目　　录

CONTENTS

3. INTERNATIONAL TOURISM RECEIPTS

4. STATISTICS OF DOMESTIC TOURISM

2011年中国旅游业统计公报

国 家 旅 游 局

（2012年10月）

2011年，我国旅游业保持平稳较快发展。国内旅游市场保持较快增长，入境旅游市场实现平稳增长，出境旅游市场继续快速增长。全年共接待入境游客1.35亿人次，实现国际旅游（外汇）收入484.64亿美元，分别比上年增长1.2%和5.8%；国内旅游人数26.41亿人次，收入19305.39亿元人民币，按可比口径分别比上年增长13.2%和23.6%；中国公民出境人数达到7025.00万人次，比上年增长22.4%；旅游业总收入2.25万亿元人民币，按可比口径比上年增长20.1%。

一、入境旅游

——入境旅游人数13542.35万人次，比上年增长1.2%。其中：外国人2711.20万人次，增长3.8%；香港同胞7935.77万人次，与上年基本持平；澳门同胞2369.08万人次，增长2.2%；台湾同胞526.30万人次，增长2.4%。

——入境过夜游客人数5758.07万人次，比上年增长3.4%。其中：外国人2194.10万人次，增长3.1%；香港同胞2691.59万人次，增长3.2%；澳门同胞427.94万人次，增长8.9%；台湾同胞444.44万人次，增长1.8%。

——国际旅游（外汇）收入达484.64亿美元，比上年增长5.8%。

二、国内旅游

——全国国内旅游人数26.41亿人次，按可比口径，比上年增长13.2%。其中：城镇居民16.87亿人次，农村居民9.54亿人次。

——全国国内旅游收入19305.39亿元人民币，按可比口径，比上年增长23.6%。其中：城镇居民旅游消费14808.61亿元，农村居民旅游消费4496.78亿元。

——全国国内旅游出游人均花费731.0元。其中：城镇居民国内旅游出游人均花费877.8元，农村居民国内旅游出游人均花费471.4元。

——在春节、“十一”两个“黄金周”中，全国共接待国内游客4.55亿人次，实现旅游收入2278.5亿元。

三、入境旅游客源市场

1. 外国市场

2011年，我国入境外国客源市场平稳增长，各大洲来华人数均保持稳定的增长。全年入境外国游客人数2711.20万人次，同比增长3.8%。

——亚洲市场依旧是主要客源市场，入境人数占入境外国人总数的61.7%，比上年增长2.8%。其中：韩国为第一大入境客源国。

——其他大洲的入境市场均保持了稳定增长的势头，其中欧洲市场比上年增长4.2%，美洲市场增长6.9%，大洋洲市场增长8.9%，非洲市场增长5.4%。

——2011年，外国入境过夜游客在我国境内平均停留时间为7.3天，比上年减少0.1天，下降1.4%；人均天花费为209.22美元，比上年增长11.29美元，增长5.7%。

2011年主要客源国入境旅游人数和增长情况如下：

序　号	国　家	入境旅游人数（万人次）	与上年比较（%）
1	韩　国	418.54	2.67
2	日　本	365.82	-1.96
3	俄罗斯	253.63	7.00
4	美　国	211.61	5.30
5	马来西亚	124.51	-0.01
6	新加坡	106.30	5.91
7	越　南	100.65	9.40
8	蒙　古	99.42	25.15
9	菲律宾	89.43	7.97
10	加拿大	74.80	9.15
11	澳大利亚	72.62	9.80
12	德　国	63.70	4.67
13	印度尼西亚	60.87	6.15
14	泰　国	60.80	-4.33
15	印　度	60.65	10.40
16	英　国	59.57	3.61
17	法　国	49.31	-3.82

2. 港澳台地区市场

2011年，作为入境旅游市场主体的港澳台市场中，台湾市场增幅最大，港澳市场稳步增长。

——2011年，香港市场入境人数7935.77万人次，比上年增长0.1%。其中：过夜游客2691.59万人次，增长3.2%，占33.9%；一日游人数5244.18万人次，下降1.5%，占66.1%。

——2011年，澳门市场入境人数2369.08万人次，比上年增长2.2%。其中：过夜游客427.94万人次，增长8.9%，占18.1%；一日游人数1941.14万人次，增长0.9%，占81.9%。

——2011年，台湾市场入境人数526.30万人次，比上年增长2.4%。其中：过夜游客444.44万人次，增长1.8%，占84.4%；一日游人数81.86万人次，增长5.5%，占15.6%。

四、各省、自治区、直辖市入境旅游接待与收入

——2011年，全国各省、自治区、直辖市接待的入境过夜游客总计为10655.23万人次，比上年增长11.2%。接待量超过100万人次的有广东、浙江、江苏、上海、北京、福建、山东、辽宁、云南、广西、陕西、安徽、湖南、湖北、黑龙江、重庆、河南、四川、山西、内蒙古、江西和河北等22个省（区、市）。广东省接待入境过夜游客3331.63万人次，继续居全国第一位。

——2011年，全国各省、自治区、直辖市接待的外国过夜游客总计为5920.59万人次，比上年增长9.4%。接待量超过50万人次的有广东、上海、江苏、浙江、北京、辽宁、山东、云南、黑龙江、陕西、广西、湖北、安徽、内蒙古、福建、重庆、湖南、四川、河南、河北、山西、吉林、天津和海南等24个省（区、市）。广东省接待外国过夜游客749.34万人次，继续居全国第一位。

——2011年，国际旅游（外汇）收入超过1亿美元的有广东、上海、江苏、浙江、北京、辽宁、山东、云南、黑龙江、陕西、广西、湖北、安徽、内蒙古、福建、重庆、湖南、四川、河南、河北、山西、吉林、天津、海南、新疆、江西、贵州和西藏等28个省（区、市）。广东省的旅游（外汇）收入达139.06亿美元，继续居全国第一位。按国际旅游（外汇）收入排列，31个省、自治区、直辖市的具体情况是：

序号	地　区	国际旅游(外汇)收入（亿美元）	增长（%）	接待入境过夜旅游人数（万人次）	增长（%）
1	广　东	139.06	12.3	3331.63	5.2
2	上　海	57.51	-9.3	668.61	-8.9
3	江　苏	56.53	18.2	737.33	12.8
4	北　京	54.16	7.4	520.40	6.2
5	浙　江	45.42	15.6	773.69	13.0
6	福　建	36.34	22.0	427.42	16.1
7	辽　宁	27.13	20.1	405.33	12.1
8	山　东	25.51	18.4	424.23	15.7
9	天　津	17.56	23.7	73.06	22.0
10	云　南	16.09	21.5	395.38	20.1
11	陕　西	12.95	27.5	270.41	27.4
12	安　徽	11.79	66.3	262.87	32.5
13	广　西	10.52	30.5	302.79	21.0
14	湖　南	10.14	11.9	227.63	19.9
15	重　庆	9.68	37.7	186.40	36.0
16	湖　北	9.40	25.2	213.52	17.5
17	黑龙江	9.18	20.3	206.52	19.8
18	内蒙古	6.71	11.5	151.52	6.1
19	四　川	5.94	67.7	163.97	55.9
20	山　西	5.67	22.1	155.32	19.2
21	河　南	5.49	10.1	168.29	14.6
22	新　疆	4.65	150.9	56.37	10.7
23	河　北	4.48	27.6	114.14	16.8
24	江　西	4.15	19.9	135.83	19.2
25	吉　林	3.85	26.4	99.32	21.1
26	海　南	3.76	16.7	81.43	22.8
27	贵　州	1.35	4.2	58.51	17.0
28	西　藏	1.30	25.1	27.08	18.6
29	青　海	0.27	30.0	5.17	10.6
30	甘　肃	0.17	17.4	9.11	29.8
31	宁　夏	0.06	3.4	1.95	8.3

五、主要城市入境旅游接待与收入

——2011 年，接待入境过夜游客人数超过 20 万人次的城市有深圳、广州、上海、北京、珠海、杭州、苏州、重庆、厦门、桂林、南京、黄山、成都、大连、武汉、青岛、宁波、昆明、西安、无锡、泉州、长沙、福州、天津、沈阳、中山、烟台、洛阳、三亚、温州、延边、威海、南通、郑州、太原、合肥、承德、长春、漳州、乌鲁木齐、济南、哈尔滨、九江、秦皇岛、南宁和大同等 46 个，比上年增加 1 个。

——2011 年，接待外国过夜游客人数超过 20 万人次的城市有上海、北京、广州、杭州、深圳、天津、苏州、大连、重庆、桂林、南京、青岛、西安、武汉、昆明、黄山、珠海、无锡、成都、宁波、厦门、长沙、沈阳、烟台、福州、洛阳、延边、威海、三亚、南通、温州、太原、秦皇岛、承德、长春、哈尔滨、合肥和郑州等 38 个，比上年增加 2 个。

——2011 年，国际旅游（外汇）收入超过 1 亿美元的城市有上海、北京、广州、深圳、杭州、天津、苏州、珠海、厦门、南京、福州、大连、重庆、泉州、青岛、宁波、西安、桂林、无锡、武汉、长沙、沈阳、烟台、南通、黄山、中山、成都、三亚、昆明、温州、威海、太原、漳州、哈尔滨、郑州、洛阳、长春、合肥、秦皇岛、延边、济南、乌鲁木齐、承德和连云港等 44 个，比上年增加 1 个。上海市的国际旅游（外汇）收入达 57.51 亿美元，居全国城市第一位。

六、星级饭店规模与经营

截至 2011 年底，全国纳入星级饭店统计管理系统的星级饭店共计 13513 家，其中有 11676 家完成了 2011 年财务状况表的填报，并通过省级旅游行政管理部门审核。根据 11676 家星级饭店填报的财务数据显示：

——到 2011 年末，全国 11676 家星级饭店，拥有客房 147.49 万间，床位 258.63 万张；拥有固定资产原值 4587.13 亿元；实现营业收入总额 2314.82 亿元；上缴营业税金 147.84 亿元；全年平均客房出租率为 61.1%。

——在 11676 家星级饭店中：五星级饭店 615 家；四星级饭店 2148 家；三星级饭店 5473 家；二星级饭店 3276 家；一星级饭店 164 家。

——全国 3646 家国有星级饭店，2011 年共实现营业收入 713.09 亿元，上缴营业税金 39.16 亿元。

——全国外商和港澳台投资兴建的 492 家星级饭店，2011 年共实现营业收入 337.46 亿元；上缴营业税金 20.83 亿元。

——2011 年全国星级饭店类型及其经营情况，具体如下：

饭店类型和星级	饭店数（家）	客房数（万间/套）	床位数（万张）	客房出租率（%）	营业收入（亿元）	营业税金（亿元）	固定资产（亿元）
一、饭店经济类型							
合　　计	11 676	147.49	258.63	61.07	2 314.82	147.84	4 587.13
内资企业							
国有企业	3 647	47.12	87.46	60.86	713.09	39.16	1 683.90
集体企业	475	4.82	8.85	57.66	57.76	3.37	116.84
股份合作企业	250	2.89	5.14	61.88	39.55	2.25	68.67
国有联营	10	0.09	0.17	53.98	1.00	0.06	3.75
集体联营	20	0.18	0.34	58.30	1.29	0.06	2.89
国有与集体联营	10	0.11	0.20	53.30	1.25	0.07	3.93
其他联营	6	0.05	0.08	61.03	0.62	0.03	2.55
国有独资公司	373	5.56	8.94	62.27	114.30	6.57	190.18
其他有限责任公司	1 289	18.94	31.86	62.16	321.09	24.37	564.26
股份有限公司	602	8.08	13.95	61.18	130.24	7.68	234.05
私营独资	1 623	13.30	23.67	59.79	138.12	10.54	213.60
私营合伙	349	3.49	5.90	62.36	43.71	2.58	63.25
私营有限责任公司	1 637	19.57	34.27	61.35	260.64	17.18	398.35
私营股份有限公司	203	2.47	4.42	59.64	26.94	1.94	44.48
其他	691	8.51	14.50	62.07	127.77	11.14	227.50
港澳台商投资							
与港澳台商合资经营	133	3.73	5.56	63.67	104.07	5.81	237.50
与港澳台商合作经营	32	0.85	1.29	62.72	26.99	1.40	36.24
港澳台商独资	78	1.84	2.92	63.45	51.86	3.07	102.89
港澳台商投资股份有限公司	23	0.49	0.82	57.47	12.02	0.66	25.73
外商投资							
中外合资经营	108	2.54	3.92	65.26	74.15	4.81	161.10
中外合作经营	29	0.80	1.20	58.95	17.79	1.01	39.66
外资企业	71	1.68	2.56	63.55	41.26	3.58	137.11
外商投资股份有限公司	18	0.37	0.62	65.08	9.33	0.50	28.69
二、饭店星级							
合　　计	11 676	147.49	258.63	61.07	2 314.82	147.84	4 587.13
五星级	615	21.76	32.38	61.93	730.94	49.35	1 632.28
四星级	2 148	42.46	73.48	62.82	788.48	52.09	1 559.19
三星级	5 473	61.06	111.03	60.82	658.44	38.23	1 176.84
二星级	3 276	21.44	40.27	57.77	133.94	7.95	212.99
一星级	164	0.77	1.48	52.13	3.03	0.21	5.84

七、旅行社规模与经营

——到 2011 年末，全国纳入统计范围的旅行社共有 23690 家，比上年末增长 4.0%。

——到 2011 年末，全国旅行社资产总额 711.17 亿元，比上年增长 6.8%；各类旅行社共实现营业收入 2871.77 亿元，比上年增长 8.4%；营业税金及附加 13.06 亿元，比上年增长 2.3%。

——2011 年，全国旅行社共招徕入境过夜游客 1454.96 万人次、6181.81 万人天，分别比上年增长 7.6% 和增长 34.0%；经旅行社接待的入境过夜游客为 2280.81 万人次、7165.44 万人天，分别比上年下降 5.3% 和增长 27.7%。

——2011 年，全国旅行社共组织国内过夜游客 13710.75 万人次、35854.01 万人天，分别比上年增长 14.7% 和 9.2%；经旅行社接待的国内过夜游客为 16900.50 万人次、33674.13 万人天，分别比上年增长 19.5% 和 16.8%。

八、出境旅游

2011 年，我国公民出境旅游市场继续加速增长，旅游目的地不断增加。

——2011 年，我国公民出境人数达到 7025.00 万人次，比上年增长 22.4%。其中：因公出境人数 613.21 万人次，增长 4.3%；因私出境人数 6411.79 万人次，增长 24.5%。出境第一站按人数排序，列前十位的国家和地区依次是：中国香港、中国澳门、韩国、中国台湾、马来西亚、日本、泰国、美国、柬埔寨、越南。

——2011 年，经旅行社组织出境旅游的总人数为 2021.92 万人次，增长 21.5%，其中：组织出国游 1261.65 万人次，增长 44.0%；组织港澳游 760.27 万人次，下降 3.5%。

——2011 年，我国公民出境旅游目的地新增的国家为：伊朗伊斯兰共和国。

——2011 年，我国内地居民赴香港的旅游人数为 2832.07 万人次，增长 22.6%；赴澳门 1976.53 万人次，增长 22.7%；赴日本 162.79 万人次，下降 17.3%；赴韩国 236.78 万人次，增长 20.3%；赴台湾 184.50 万人次，增长 11.0%；赴越南 114.15 万人次，下降 5.7%；赴美国 136.04 万人次，增长 26.3%；赴马来西亚 173.78 万人次，增长 68.1%；赴泰国 152.26 万人次，增长 50.1%；赴新加坡 100.42 万人次，增长 21.6%；赴俄罗斯 80.96 万人次，增长 13.9%；赴澳大利亚 65.23 万人次，增长 19.6%；赴印度尼西亚 57.86 万人次，增长 23.4%；赴柬埔寨 121.55 万人次，增长 231.0%；赴英国 37.62 万人次，增长20.4%；赴加拿大36.98万人次，增长20.9%；赴德国33.40万人次，增长16.4%；赴法国32.12万人次，增长17.5%；赴意大利38.12万人次，增长40.2%；赴缅甸31.87万人次，增长21.4%；赴蒙古32.55万人次，增长43.7%；赴菲律宾27.11万人次，增长26.0%；赴老挝17.28万人次，下降11.5%；赴阿拉伯联合酋长国20.34万人次，增长22.6%；赴哈萨克斯坦15.85万人次，增长17.1%；赴朝鲜19.39万人次，增长47.9%；赴马尔代夫17.76万人次，增长73.3%。

九、旅游教育培训

——到2011年末，全国共有高等旅游院校及开设旅游系（专业）的普通高等院校1115所，比上年末增加148所，在校生59.98万人，增加0.37万人；中等职业学校1093所，比上年末增加92所，在校学生48.34万人，减少0.69万人。两项合计，旅游院校总数2208所，在校学生为108.33万人。

——2011年，全行业在职人员培训总量达435.65万人次，比上年增加9万人次，增长2.1%。

Statistics Report on China's Tourism Industry in 2011

China National Tourism Administration

October, 2011

In year 2011, Supported by the continued rapid growth in Domestic market, the stable improvement in inbound market, as well as a persistent surge in outbound market, the development in China's tourism industry is steady and comparatively rapid. The total inbound visitor arrivals reached 135 million person-times, and the foreign exchange receipts generated from this inbound market registered US $48.464 billion, increasing by 1.2 percent and 5.8 percent respectively against the previous year. China's domestic visitors numbered 2.641 billion person-times, and the income generated from this sector totaled 1.9305 trillion Chinese RMB yuan, increasing by 13.2 percent and 23.6 percent respectively. The outbound travel made by Chinese citizens reached 70.2500 million person-times in 2011, witnessing an increase of 22.4 percent. The total income of the industry amounted to 2.25 trillion Chinese RMB yuan, increasing by 20.1 percent over the year 2010.

1. Inbound Tourism

——The total number of inbound arrivals to China was 135.42 million person-times, a 1.2 percent increase against the previous year, in which 27.1120 million person-times were made by foreigners, a 3.8 percent increase against the previous year; 79.3577 million by compatriots from Hong Kong SAR, remaining almost the same with previous year; 23.6908 million by compatriots from Macao SAR, a 2.2 percent increase against the previous year; and 5.2630 million by compatriots from Taiwan Province, a 2.4 percent increase over the previous year.

——The total number of overnight visitors to China was 57.5807 million, a 3.4 percent increase against the previous year. Of the total overnight visitors 21.9410 million were foreigners, a 3.1 percent increase against the previous year; 26.9159 million were compatriots from Hong Kong SAR, a 3.2 percent increase against the previous year; 4.2794 million were compatriots from Macao SAR, a 8.9 percent increase against the previous year; and 4.4444 million were compatriots from Taiwan Province, a 1.8 percent increase over the previous year.

——The total of China's international tourism receipts amounted to US $48.464 billion, an increase of 5.8 percent against the previous year.

2. Domestic Tourism

——The number of domestic visitors totaled 2.641 billion, an increase of 13.2 percent over the previous year, in which 1.687 billion were urban residents and 954 million were rural residents.

——The total income of domestic tourism amounted to 1.9305 trillion yuan, an increase of 23.6 percent over the previous year, in which 1.4809 trillion yuan were spent by urban residents and 449.678 billion yuan were spent by rural residents.

——The average domestic tourism expenditure per capita was 731.0 yuan, of which the average expenditure by urban residents was 877.8 yuan per person and the average spending by rural residents was 471.4 yuan.

——The domestic visitors totaled 455 million and the domestic income reached 227.85 billion yuan during two "Golden Weeks" of the Chinese Spring Festival and National Day.

3. Inbound Tourism Market

(1) Foreign Market

In 2011, steady growth of visitor arrivals from all continents guaranteed a stable growing in inbound market. The yearly visitor arrivals totaled 27.1120 million, an increase of 3.8 percent against the previous year.

——The Asian market kept its major status. The total visitor arrivals from Asian countries represented 61.7 percent of total inbound foreign arrivals to China, and increased by 2.8 percent against the previous year. Among all the countries, Republic of Korea was the largest generating country in terms of visitors.

——Other continents also enjoyed steady growth. The growth rate of Europe, America, Oceania and Africa increased by 4.2 percent, 6.9 percent, 8.9 percent and 5.4 percent respectively.

—— In 2011, the foreign tourists had an average length of stay of 7.3 days, a decrease of 0.1 days, or slide 1.4 percent over the previous year. Daily expenditure per capita was US $209.22, US $11.29 or 5.7 percent higher than that of the previous year.

The arrivals breakdown of the top 17 visitor generating countries to China in 2011 was shown in the following table.

Rank	Country	Arrivals (thousand)	Change (%)
1	ROK	4 185. 4	2. 67
2	Japan	3 658. 2	-1. 96
3	Russia	2 536. 3	7. 00
4	U. S. A.	2 116. 1	5. 30
5	Malaysia	1 245. 1	-0. 01
6	Singapore	1 063. 0	5. 91
7	Vietnam	1 006. 5	9. 40
8	Mongolia	994. 2	25. 15
9	Philippines	894. 3	7. 97
10	Canada	748. 0	9. 15
11	Australia	726. 2	9. 80
12	Germany	637. 0	4. 67
13	Indonesia	608. 7	6. 15
14	Thailand	608. 0	-4. 33
15	India	606. 5	10. 40
16	Britain	595. 7	3. 61
17	France	493. 1	-3. 82

(2) Hong Kong, Macao and Taiwan Regional Market

In 2011, Hong Kong, Macao and Taiwan Regional Market are main parts of Mainland China's inbound tourism. The visitor arrivals from Taiwan Province increased mostly, and the visitor arrivals from Hong Kong SAR and Macao SAR were stable.

——In 2011, the arrivals from Hong Kong SAR reached 79. 3577 million, remaining almost the same with previous year. Among these arrivals, 26. 9159 million were overnight visitors, an increase of 3. 2 percent against the previous year, accounting for 33. 9 percent of the total. 52. 4418 million were same-day visitors, a decrease of 1. 5 percent, accounting for 66. 1 percent of the total.

——In 2011, the visitor arrivals from Macao SAR was 23. 6908 million, increasing by 2. 2 percent against the previous year, among which 4. 2794 million were overnight visitors, increasing by 8. 9 percent against the previous year, accounting for

18. 1 percent, and 19. 4114 million were same-day visitors, increasing by 0. 9 percent, accounting for 81. 9 percent of the total.

——In 2011, visitor arrivals from Taiwan Province were 5. 2630 million, increasing by 2. 4 percent over the previous year, among which 4. 4444 million were overnight visitors, increasing by 1. 8 percent over the previous year, accounting for 84. 4 percent, and 818. 6 thousand were same-day visitors, increasing by 5. 5 percent, accounting for 15. 6 percent of the total.

4. Inbound Tourist Arrivals and Receipts by Provinces, Autonomous Regions and Municipalities

——In 2011, inbound tourists received by all the provinces, autonomous regions and municipalities totaled 106. 5523 million, increasing by 11. 2 percent over the previous year. There were 22 provinces, autonomous regions and municipalities receiving more than 1 million visitors. They were Guangdong, Zhejiang, Jiangsu, Shanghai, Beijing, Fujian, Shandong, Liaoning, Yunnan, Guangxi, Shaanxi, Anhui, Hunan, Hubei, Heilongjiang, Chongqing, Henan, Sichuan, Shanxi, Inner Mongolia, Jiangxi and Hebei. Guangdong still came first with receiving 33. 3163 million person-times of inbound visitors.

——In 2011, the number of foreign tourist arrivals was 59. 2059 million, with an increase of 9. 4 percent over the previous year. There were 24 provinces, autonomous regions and municipalities receiving more than 500 thousand foreign tourists. They were Guangdong, Shanghai, Jiangsu, Zhejiang, Beijing, Liaoning, Shandong, Yunnan, Heilongjiang, Shaanxi, Guangxi, Hubei, Anhui, Inner Mongolia, Fujian, Chongqing, Hunan, Sichuan, Henan, Hebei, Shanxi, Jilin, Tianjin and Hainan. Guangdong still came first with receiving 7. 4934 million person-times foreign visitors.

——In 2011, there were 28 provinces, autonomous regions and municipalities, generating more than US $ 100 million receipts from international tourism. They were Guangdong, Shanghai, Jiangsu, Zhejiang, Beijing, Liaoning, Shandong, Yunnan, Heilongjiang, Shaanxi, Guangxi, Hubei, Anhui, Inner Mongolia, Fujian, Chongqing, Hunan, Sichuan, Henan, Hebei, Shanxi, Jilin, Tianjin, Hainan, Xinjiang, Jiangxi, Guizhou and Tibet. Guangdong was ranking first with US $ 13. 906 billion receipts generating from inbound tourism.

The international receipts and inbound arrivals of the 31 provinces, autonomous regions and municipalities are shown in the following table:

Rank	Region	International Receipts (US $ million)	Tourism Receipts Change (%)	Inbound Arrivals (million)	Tourists Change (%)
1	Guangdong	13 906	12. 3	33. 3163	5. 2
2	Shanghai	5 751	-9. 3	6. 6861	-8. 9
3	Jiangsu	5 653	18. 2	7. 3733	12. 8
4	Beijing	5 416	7. 4	5. 2040	6. 2
5	Zhejiang	4 542	15. 6	7. 7369	13. 0
6	Fujian	3 634	22. 0	4. 2742	16. 1
7	Liaoning	2 713	20. 1	4. 0533	12. 1
8	Shandong	2 551	18. 4	4. 2423	15. 7
9	Tianjin	1 756	23. 7	0. 7306	22. 0
10	Yunnan	1 609	21. 5	3. 9538	20. 1
11	Shaanxi	1 295	27. 5	2. 7041	27. 4
12	Anhui	1 179	66. 3	2. 6287	32. 5
13	Guangxi	1 052	30. 5	3. 0279	21. 0
14	Hunan	1 014	11. 9	2. 2763	19. 9
15	Chongqing	968	37. 7	1. 8640	36. 0
16	Hubei	940	25. 2	2. 1352	17. 5
17	Heilongjiang	918	20. 3	2. 0652	19. 8
18	Inner Mongolia	671	11. 5	1. 5152	6. 1
19	Sichuan	594	67. 7	1. 6397	55. 9
20	Shanxi	567	22. 1	1. 5532	19. 2
21	Henan	549	10. 1	1. 6829	14. 6
22	Xinjiang	465	150. 9	0. 5637	10. 7
23	Hebei	448	27. 6	1. 1414	16. 8
24	Jiangxi	415	19. 9	1. 3583	19. 2
25	Jilin	385	26. 4	0. 9932	21. 1
26	Hainan	376	16. 7	0. 8143	22. 8
27	Guizhou	135	4. 2	0. 5851	17. 0
28	Tibet	130	25. 1	0. 2708	18. 6
29	Qinghai	27	30. 0	0. 0517	10. 6
30	Gansu	17	17. 4	0. 0911	29. 8
31	Ningxia	6	3. 4	0. 0195	8. 3

5. Inbound Tourists Arrivals and Receipts in Major Cities

——In 2011, there were 46 cities receiving more than 200 thousand inbound tourists. They were Shenzhen, Guangzhou, Shanghai, Beijing, Zhuhai, Hangzhou, Suzhou, Chongqing, Xiamen, Guilin, Nanjing, Huangshan, Chengdu, Dalian,

Wuhan, Qingdao, Ningbo, Kunming, Xi'an, Wuxi, Quanzhou, Changsha, Fuzhou, Tianjin, Shenyang, Zhongshan, Yantai, Luoyang, Sanya, Wenzhou, Yanbian, Weihai, Nantong, Zhengzhou, Taiyuan, Hefei, Chengde, Changchun, Zhangzhou, Urumqi, Jinan, Harbin, Jiujiang, Qinhuangdao, Nanning and Datong, 1 city more than that of the previous year.

——In 2011, there were 38 cities receiving more than 200 thousand foreign tourists,. They were Shanghai, Beijing, Guangzhou, Hangzhou, Shenzhen, Tianjin, Suzhou, Dalian, Chongqing, Guilin, Nanjing, Qingdao, Xi'an, Wuhan, Kunming, Huangshan, Zhuhai, Wuxi, Chengdu, Ningbo, Xiamen, Changsha, Shenyang, Yantai, Fuzhou, Luoyang, Yanbian, Weihai, Sanya, Nantong, Wenzhou, Taiyuan, Qinhuangdao, Chengde, Changchun, Harbin, Hefei and Zhengzhou. 2 cities more than that of the previous year.

——In 2011, there were 44 cities earning more than US $100 million from international tourism, with 1 city more than the previous year. They were Shanghai, Beijing, Guangzhou, Shenzhen, Hangzhou, Tianjin, Suzhou, Zhuhai, Xiamen, Nanjing, Fuzhou, Dalian, Chongqing, Quanzhou, Qingdao, Ningbo, Xi'an, Guilin and Wuxi, Wuhan, Changsha, Shenyang, Yantai, Nantong, HuangshanZhongshan, Chengdu, Sanya, Kunming, Wenzhou, Weihai, Taiyuan, Zhangzhou, Harbin, Zhengzhou, Luoyang, Changchun, Hefei, Qinhuangdao, Yanbian, Jinan, Urumqi, Chengde and Lianyungang. Shanghai came first with generating US $5. 751 billion from international tourism.

6. Scale and Business of Star-rated Hotels in China

By the end of 2011, in China, there were a total of 13513 star-rated hotels which were brought into the star-rated hotel statistics management system, and 11676 of them had submitted their financial statement of year 2011, all of which were under the assessment of relevant province-level tourism administrations. According to the financial statements of those 11676 star-rated hotels:

——The total number of rooms owned by those 11676 star-rated hotels was 1. 4749 million, The total number of beds reached 2. 5863 million, the original value of fixed assets amounted to 458. 713 billion yuan, the total business income amounted to 231. 482 billion yuan, the business tax was 147. 84 billion yuan, the average occupancy rate was 61. 0 percent.

——Among those 11676 star-rated hotels, there were 615 five-star hotels, 2148 four-star hotels, 5473 three-star hotels, 3276 two-star hotels, and 164 one-star hotels.

——The total business income of 3646 state-owned star rated hotels amounted to 71. 309 billion yuan and the paid business tax reached 3. 916 billion yuan.

——The total business income of 492 star-rated hotels built by investment from foreign countries and Hong Kong, Macao and Taiwan regions reached 33. 746 billion yuan and paid business tax amounted to 2. 083 billion yuan.

——The business of all the star-rated hotels nationwide in 2011 were listed as follows:

OWNERSHIP& STAR-RATED	Hotels (number)	Rooms (10000)	Beds (10000)	Occupancy (%)	Revenue (billion)	Tax (billion)	Fixed Assets (billion)
by ownership status							
TOTAL	11 676	147.49	258.63	61.07	231.482	14.784	458.713
Domestic Funded							
State-owned Enterprises	3 647	47.12	87.46	60.86	71.309	3.916	1 68.390
Collective-owned Enterprises	475	4.82	8.85	57.66	5.776	0.337	11.684
Cooperative Enterprises	250	2.89	5.14	61.88	3.955	0.225	6.867
State Joint Ownership Enterprises	10	0.09	0.17	53.98	0.100	0.006	0.375
Collective Joint Ownership Enterprises	20	0.18	0.34	58.30	0.129	0.007	0.289
Joint State-collective Enterprises	10	0.11	0.20	53.30	0.125	0.007	0.393
Other Joint Ownership Enterprises	6	0.05	0.08	61.03	0.062	0.003	0.255
State Sole funded Corporations	373	5.56	8.94	62.27	11.430	0.657	19.018
Other Limited Liability Corporations	1 289	18.94	31.86	62.16	32.109	2.437	56.426
Share-holding Corporations Limited	602	8.08	13.95	61.18	13.023	0.768	23.405
Private Enterprises	1 623	13.30	23.67	59.79	13.812	1.054	21.360
Private-funded Enterprises	349	3.49	5.90	62.36	4.371	0.258	6.325
Private Partnership Enterprises	1 637	19.57	34.27	61.35	26.064	1.718	39.835
Private Share-holding Corporations Ltd.	203	2.47	4.42	59.64	2.694	0.194	4.448
Other Enterprises	691	8.51	14.50	62.07	12.777	1.114	22.750
Enterprises with Funds from Hong Kong, Macao and Taiwan							
Joint-ventures Enterprises	133	3.73	5.56	63.67	10.407	0.581	23.750
Cooperative Enterprises	32	0.85	1.29	62.72	2.699	0.140	3.624
Enterprise with Sole investment	78	1.84	2.92	63.45	5.186	0.307	10.289
Share-holding Corporations Ltd.	23	0.49	0.82	57.47	1.202	0.066	2.573

Foreign Funded Enterprises							
Joint-venture Enterprises	108	2.54	3.92	65.26	7.415	0.481	16.110
Cooperation Enterprises	29	0.80	1.20	58.95	1.779	0.101	3.966
Enterprise with Sole Funds	71	1.68	2.56	63.55	4.126	0.358	13.711
Share-holding Corporations Ltd.	18	0.38	0.62	65.08	0.933	0.050	2.869
by star-rating							
TOTAL	11 676	147.49	258.63	61.07	231.482	14.784	458.713
5-STAR	615	21.76	32.38	61.93	73.094	4.935	163.228
4-STAR	2 148	42.46	73.48	62.82	78.848	5.209	155.919
3-STAR	5 473	61.06	111.03	60.82	65.844	3.823	117.684
2-STAR	3 276	21.44	40.27	57.77	13.394	0.795	21.299
1-STAR	164	0.77	1.48	52.13	0.303	0.021	0.584

7. Scale and Business of Travel Agencies

——By the end of 2011, there were 23690 travel agencies in China, increasing by 4. 0 percent over the previous year.

——By the end of 2011, the total assets owned by travel agencies nationwide amounted to 71. 117 billion yuan, increasing by 6. 8 percent over the previous year. The business income was 287. 177 billion yuan, 8. 4 percent more than that of the previous year, and the business tax was 1. 306 billion yuan, 2. 3 percent more than that of the previous year.

——In 2011, the total arrivals of inbound tourists organized by all the travel agencies were 14. 5496 million, increasing by 7. 6 percent against the previous year. The total number of person/nights was 61. 8181 million, increasing by 34. 0 against the previous year. The total number of inbound tourists received by travel agencies was 22. 8081 million, decreasing 5. 3 percent against the previous year. The total number of person/nights was 71. 6544 million, increasing by 27. 7 percent against the previous year.

——In 2011, the total number of overnight domestic tourists organized by travel agencies was 137. 1075 million with an increase of 14. 7 percent over the previous year, or namely 358. 5401 million person/nights with an increase of 9. 2 percent over the previous year. The number of domestic tourists received by travel agencies was 169. 0050 million, or namely 336. 7413 million person/nights, increasing 19. 5 percent and 16. 8 percent over the previous year respectively.

8. Outbound Travel

In 2011, the market of outbound travel kept growing at a fast speed. The number of countries and regions with Approved Destination Status (ADS) continued to grow.

——In 2011, the total number of Chinese outbound visitors reached 70. 2500 million, increasing by 22. 4 percent over the previous year. Of the total, 6. 1321 million Chinese nationals traveled abroad for public affairs, 4. 3 percent more than that of the previous year, and 64. 1179 million for private purpose, 24. 5 percent more than that of the previous year. The top ten first stop destinations for Chinese nationals were Hong Kong SAR, Macao SAR, ROK, Taiwan China, Malaysia, Japan, Thailand, U. S. A., Cambodia and Vietnam.

——In 2011, the total number of Chinese nationals traveling abroad organized by travel agencies was 20. 2192 million, with a 21. 5 percent increase. Of the total, 12. 6165 million visitors went to foreign countries, 44. 0 percent more than that of the previous year; and 7. 6027 million to Hong Kong SAR and Macao SAR, a decrease of 3. 5 percent.

——In 2011, 1 more country have been granted with ADS. It is Iran.

——In 2011, the numbers of outbound travel made by the residents of Mainland China to the approved destinations in terms of first stop are as follows: 28. 3207 million visited Hong Kong SAR, with an increase of 22. 6 percent over the previous year; 19. 7653 million visited Macao SAR, with an increase of 22. 7 percent; 1. 6279 million visited Japan, with an decrease of 17. 3 percent; 2. 3678 million visited ROK, with an increase of 20. 3 percent; 1. 8450 million visited Taiwan China, with an increase of 11. 0 percent; 1. 1415 million visited Vietnam, with a decrease of 5. 7; 1. 3604 million visited U. S. A., with an increase of 26. 3 percent; 1. 7378 million visited Malaysia, with an increase of 68. 1 percent, 1. 5226 million visited Thailand, with an increase of 50. 1 percent; 1. 0042 million visited Singapore, with an increase of 21. 6 percent; 809. 6 thousand visited Russia, with an increase of 13. 9 percent; 652. 3 thousand visited Australia, with an increase of 19. 6 percent; 578. 6 thousand visited Indonesia, with an increase of 23. 4 percent; 1. 2155 million visited Cambodia, with an increase of 231. 0 percent; 376. 2 thousand visited Britain, with an increase of 20. 4 percent; 369. 8 thousand visited Canada, with an increase of 20. 9 percent; 334. 0 thousand visited Germany, with an increase of 16. 4 percent; 321. 2 thousand visited France, with an increase of 17. 5 percent; 381. 2 thousand visited Italy, with an increase of 40. 2 percent; 318. 7 thousand visited Myanmar, with an increase of 21. 4 percent; 325. 5 thousand visited Mongolia, with an increase of 43. 7 percent; 271. 1 thousand visited Philippines, with an increase of 26. 0 percent; 172. 8 thousand visited Laos, with a decrease of 11. 5 percent; 203. 4 thousand visited United Arab Emirates, with an increase of 22. 6 percent; 158. 5 thousand visited

Kazakhstan, with a decrease of 17. 1 percent; 193. 9 thousand visited DPRK, with an increase of 47. 9 percent; 177. 6 thousand visited Maldives, with an increase of 73. 3 percent.

9. Education and Training in Tourism Industry

——By the end of 2011, there were 1115 higher learning institutes and colleges with travel and tourism departments, 148 more than that in 2010. And the number of enrolled students was 599. 8 thousand, 3. 7 thousand more than that in the previous year. There were 1093 medium-level professional schools, 92 schools less than that of the previous year, with 483. 4 thousand enrolled students, 6. 9 thousand less than that in the previous year. In total, there were 2208 tourism institutes and schools with an enrollment of 1. 0833 million students.

——In 2011, 4. 3565 million employees participated in training programs, 90. 0 thousand more than that in the previous year, with a 2. 1 percent increase.

一、入境旅游人数

1. INTERNATIONAL VISITOR ARRIVALS TO CHINA

1－1　1978～2011年中国入境过夜游客人数和国际旅游（外汇）收入的世界排名

RANK OF CHINA'S TOURIST ARRIVALS & TOURISM RECEIPTS IN THE WORLD 1978—2011

年　份 YEAR	过夜游客人数 （万人次） TOURIST ARRIVALS （10000 PERSON-TIMES）	世界排名 RANK	国际旅游（外汇）收入 （亿美元） TOURISM RECEIPTS （100Mn. US $）	世界排名 RANK
1978	71.60	—	2.63	—
1979	152.90	—	4.49	—
1980	350.00	18	6.17	34
1981	376.70	17	7.85	34
1982	392.40	16	8.43	29
1983	379.10	16	9.41	26
1984	514.10	14	11.31	21
1985	713.30	13	12.50	21
1986	900.10	12	15.31	22
1987	1 076.00	12	18.62	26
1988	1 236.10	10	22.47	26
1989	936.10	12	18.60	27
1990	1 048.40	11	22.18	25
1991	1 246.40	12	28.45	21
1992	1 651.20	9	39.47	17
1993	1 898.20	7	46.83	15
1994	2 107.00	6	73.23	10
1995	2 003.40	8	87.33	10
1996	2 276.50	6	102.00	9
1997	2 377.00	6	120.74	8
1998	2 507.29	6	126.02	7
1999	2 704.66	5	140.99	7
2000	3 122.88	5	162.24	7
2001	3 316.67	5	177.92	5
2002	3 680.26	5	203.85	5
2003	3 297.05	5	174.06	7
2004	4 176.14	4	257.39	7
2005	4 680.90	4	292.96	6
2006	4 991.34	4	339.49	5
2007	5 471.98	4	419.19	5
2008	5 304.92	4	408.43	5
2009	5 087.52	4	396.75	5
2010	5 566.45	3	458.14	4
2011	5 758.07	3	484.64	4

资料来源：世界旅游组织

SOURCE：WORLD TOURISM ORGANIZATION

1-2 1978~2011年入境旅游人数

ANNUAL VISITOR ARRIVALS 1978—2011

单 位：万人次

UNIT：10000 PERSON-TIMES

年 份 YEAR	总 计 TOTAL	外国人 FOREIGN-ERS	华 侨 OVERSEAS CHINESE	港澳台同胞 * COMPA-TRIOTS	#台湾同胞 TAIWAN COMPATRIOTS
1978	180.92	22.96	1.81	156.15	
1979	420.39	36.24	2.09	382.06	
1980	570.25	52.91	3.44	513.90	
1981	776.71	67.52	3.89	705.31	
1982	792.43	76.45	4.27	711.70	
1983	947.70	87.25	4.04	856.41	
1984	1 285.22	113.43	4.75	1 167.04	
1985	1 783.31	137.05	8.48	1 637.78	
1986	2 281.95	148.23	6.81	2 126.90	
1987	2 690.23	172.78	8.70	2 508.74	
1988	3 169.48	184.22	7.93	2 977.33	43.77
1989	2 450.14	146.10	6.86	2 297.19	54.10
1990	2 746.18	174.73	9.11	2 562.34	94.80
1991	3 334.98	271.01	13.34	3 050.62	94.66
1992	3 811.49	400.64	16.51	3 394.34	131.78
1993	4 152.69	465.59	16.62	3 670.49	152.70
1994	4 368.45	518.21	11.52	3 838.72	139.02
1995	4 638.65	588.67	11.58	4 038.40	153.23
1996	5 112.75	674.43	15.46	4 422.86	173.39
1997	5 758.79	742.80	9.90	5 006.09	211.76
1998	6 347.84	710.77	12.07	5 625.00	217.46
1999	7 279.56	843.23	10.81	6 425.52	258.46
2000	8 344.39	1 016.04	7.55	7 320.80	310.86
2001	8 901.29	1 122.64	—	7 778.65	344.20
2002	9 790.83	1 343.95	—	8 446.88	366.06
2003	9 166.21	1 140.29	—	8 025.92	273.19
2004	10 903.82	1 693.25	—	9 210.57	368.53
2005	12 029.23	2 025.51	—	10 003.71	410.92
2006	12 494.21	2 221.03	—	10 273.18	441.35
2007	13 187.33	2 610.97	—	10 576.36	462.79
2008	13 002.74	2 432.53	—	10 570.21	438.56
2009	12 647.59	2 193.75	—	10 005.44	448.40
2010	13 376.22	2 612.69	—	10 249.48	514.06
2011	13 542.35	2 711.20	—	10 304.85	526.30

资料来源：公安部

SOURCE：MINISTRY OF PUBLIC SECURITY

NOTE：* COMPATRIOTS FROM HONG KONG，MACAO AND TAIWAN PROVINCE.

1－3　2011年各月入境旅游人数
MONTHLY VISITOR ARRIVALS 2011

单　位：万人次
UNIT：10000 PERSON-TIMES

月　份 MONTH	总　计 TOTAL	外国人 FOREIGN-ERS	香港同胞 HONGKONG COMPATRIOTS	澳门同胞 MACAO COMPATRIOTS	台湾同胞 TAIWAN COMPATRIOTS
全　年 WHOLE YEAR	**13 542.35**	**2 711.20**	**7 935.77**	**2 369.08**	**526.30**
一　月　JAN.	1 082.77	188.57	648.07	213.05	33.08
二　月　FEB.	961.05	171.97	576.83	167.88	44.36
三　月　MAR.	1 133.78	225.23	669.81	198.96	39.78
四　月　APR.	1 227.67	238.50	741.60	201.63	45.94
五　月　MAY	1 122.18	232.38	648.41	194.61	46.78
六　月　JUNE	1 099.69	230.58	632.37	190.88	45.85
七　月　JULY	1 176.52	236.72	682.28	206.65	50.87
八　月　AUG.	1 156.28	246.79	657.30	204.90	47.29
九　月　SEP.	1 109.65	231.67	642.43	191.17	44.38
十　月　OCT.	1 176.39	262.54	665.51	200.14	48.19
十一月　NOV.	1 126.27	228.83	663.66	192.11	41.67
十二月　DEC.	1 170.13	217.42	707.52	207.09	38.10

资料来源：公安部
SOURCE：MINISTRY OF PUBLIC SECURITY

1－4　2011年各月入境旅游人数（按入境方式分）

MONTHLY VISITOR ARRIVALS BY MODE OF TRANSPORT 2011

单　位：万人次
UNIT：10000 PERSON-TIMES

月　份 MONTH	总　计 TOTAL	船舶 SEA	飞机 AIR	火车 RAIL	汽车 MOTOR	徒步 FOOT
全　年 WHOLE YEAR	**13 542.35**	**508.17**	**2 091.15**	**144.19**	**3 070.12**	**7 728.72**
一　月　JAN.	1 082.77	36.88	137.22	10.13	253.20	645.34
二　月　FEB.	961.05	35.91	145.22	9.49	220.05	550.37
三　月　MAR.	1 133.78	37.91	169.95	11.57	267.42	646.92
四　月　APR.	1 227.67	46.08	185.85	14.36	282.99	698.38
五　月　MAY	1 122.18	42.91	182.82	11.74	253.44	631.27
六　月　JUNE	1 099.69	43.13	176.76	11.30	249.47	619.03
七　月　JULY	1 176.52	47.84	184.30	12.30	262.41	669.66
八　月　AUG.	1 156.28	48.73	189.60	12.96	260.42	644.58
九　月　SEP.	1 109.65	41.59	181.60	11.88	246.34	628.23
十　月　OCT.	1 176.39	45.68	201.98	14.05	256.80	657.87
十一月　NOV.	1 126.27	40.08	173.59	12.18	253.48	646.93
十二月　DEC.	1 170.13	41.42	162.23	12.23	264.11	690.14

资料来源：公安部
SOURCE：MINISTRY OF PUBLIC SECURITY

1-5 2010~2011年主要客源国入境旅游人数
FOREIGN VISITOR ARRIVALS FROM THE MAIN GENERATING COUNTRIES 2010—2011

单　位：万人次
UNIT：10000 PERSON-TIMES

国　籍 NATIONALITY		2011年 2011	2010年 2010	2011年比2010年增长(%) GROWTH(%)
总　　计	**TOTAL**	**2 711.20**	**2 612.69**	**3.8**
其　　中	OF WHICH			
韩　　国	KOREA	418.54	407.64	2.7
日　　本	JAPAN	365.82	373.12	-2.0
俄 罗 斯	RUSSIA	253.63	237.03	7.0
美　　国	U. S. A.	211.61	200.96	5.3
马来西亚	MALAYSIA	124.51	124.52	0.0
新 加 坡	SINGAPORE	106.30	100.37	5.9
越　　南	VIETNAM	100.65	92.00	9.4
菲 律 宾	PHILIPPINES	89.43	82.83	8.0
蒙　　古	MONGOLIA	99.42	79.44	25.2
加 拿 大	CANADA	74.80	68.53	9.1
澳大利亚	AUSTRALIA	72.62	66.13	9.8
泰　　国	THAILAND	60.80	63.55	-4.3
德　　国	GERMANY	63.70	60.86	4.7
英　　国	UNITED KINGDOM	59.57	57.50	3.6
印度尼西亚	INDONESIA	60.87	57.34	6.2
印　　度	INDIA	60.65	54.93	10.4
法　　国	FRANCE	49.31	51.27	-3.8
缅　　甸	MYNMAR	19.10	49.34	-61.3
哈萨克斯坦	KAZAKHSTAN	50.62	38.03	33.1
意 大 利	ITALY	23.50	22.92	2.5
荷　　兰	NETHERLANDS	19.75	18.91	4.4
瑞　　典	SWEDEN	17.01	15.45	10.1
西 班 牙	SPAIN	13.99	13.83	1.2
伊　　朗	IRAN	12.51	11.70	6.9
朝　　鲜	KOREA, D. P. REP.	15.23	11.64	30.9
新 西 兰	NEW ZEALAND	12.09	11.61	4.2
乌 克 兰	UKRAINE	12.02	10.57	13.8
巴基斯坦	PAKISTAN	9.25	8.73	6.0
丹　　麦	DANMARK	8.46	8.67	-2.4
巴　　西	BRAZIL	9.79	8.51	15.1
土 耳 其	TURKEY	9.88	8.45	17.0
以 色 列	ISRAEL	8.22	8.34	-1.4
比 利 时	BELGIUM	7.04	7.62	-7.7
瑞　　士	SWITZERLAND	7.53	7.43	1.3
芬　　兰	FINLAND	6.53	6.92	-5.7
奥 地 利	AUSTRIA	6.69	6.73	-0.5
南　　非	SOUTH AFRICA	6.74	6.45	4.5
波　　兰	POLAND	6.80	6.21	9.5
埃　　及	EGYPT	6.09	5.91	3.0
挪　　威	NORWAY	5.14	5.35	-3.9
墨 西 哥	MEXICO	5.37	4.94	8.9
葡 萄 牙	PORTUGAL	4.70	4.77	-1.4
乌兹别克斯坦	UZBKISTAN	5.40	4.26	26.9
孟加拉国	BANGLADESH	4.77	4.16	14.4
尼日利亚	NIGERIA	4.54	4.14	9.8

1－6　2011 年各月入境外国

MONTHLY FOREIGN VISITOR

国　　籍 NATIONALITY		一月 JAN.	二月 FEB.	三月 MAR.	四月 APR.	五月 MAY	六月 JUNE
总　计	**TOTAL**	**188.57**	**171.97**	**225.23**	**238.50**	**232.38**	**230.58**
亚　洲	**ASIA**	**112.18**	**110.52**	**135.98**	**144.46**	**143.99**	**144.83**
日　本	JAPAN	25.43	26.50	29.67	26.98	28.61	29.95
韩　国	KOREA	32.32	32.08	30.88	34.88	38.49	37.79
蒙　古	MONGOLIA	7.10	3.88	7.40	8.52	8.58	9.26
印度尼西亚	INDONESIA	3.43	3.62	4.47	5.60	5.05	5.81
马来西亚	MALAYSIA	6.41	8.34	12.11	11.82	11.54	9.64
菲律宾	PHILIPPINES	7.15	6.27	7.51	8.15	7.91	7.10
新加坡	SINGAPORE	6.21	6.34	9.05	9.03	9.34	9.82
泰　国	THAILAND	3.75	4.55	6.64	8.29	5.45	3.98
印　度	INDIA	3.94	3.46	5.19	5.82	6.01	5.80
其　他	OTHERS	11.83	11.05	16.66	18.88	16.37	17.55
欧　洲	**EUROPE**	**42.61**	**34.23**	**49.76**	**51.52**	**48.73**	**46.91**
英　国	UNITED KINGDOM	4.37	3.86	5.32	5.88	5.12	4.45
法　国	FRANCE	3.61	3.42	3.93	4.82	4.42	3.64
德　国	GERMANY	4.81	4.34	5.21	5.89	5.77	4.61
意大利	ITALY	1.69	1.46	1.92	2.01	2.08	1.83
瑞　士	SWITZERLAND	0.51	0.46	0.57	0.71	0.69	0.58
瑞　典	SWEDEN	1.68	1.29	1.56	1.72	1.31	1.25
荷　兰	NETHERLANDS	1.38	1.13	1.53	1.80	1.63	1.44
俄罗斯	RUSSIA	17.47	12.27	21.34	19.26	19.40	21.81
其　他	OTHERS	11.83	11.05	16.66	18.88	16.37	17.55
美　洲	**AMERICA**	**23.82**	**20.26**	**28.30**	**29.62**	**28.37**	**28.11**
美　国	U.S.A.	15.46	13.16	18.24	18.99	19.22	20.15
加拿大	CANADA	6.18	5.15	7.20	6.56	6.27	5.43
其　他	OTHERS	11.83	11.05	16.66	18.88	16.37	17.55
大洋洲	**OCEANIA**	**7.04**	**4.85**	**6.97**	**8.24**	**6.95**	**6.73**
澳大利亚	AUSTRALIA	5.99	4.10	5.93	6.99	5.82	5.64
新西兰	NEW ZEALAND	0.95	0.67	0.94	1.14	1.02	0.99
其　他	OTHERS	11.83	11.05	16.66	18.88	16.37	17.55
非　洲	**AFRICA**	**2.89**	**2.11**	**4.21**	**4.63**	**4.33**	**4.00**
其　他	**OTHERS**	**0.01**	**0.01**	**0.01**	**0.03**	**0.02**	**0.01**

资料来源：公安部

SOURCE：MINISTRY OF PUBLIC SECURITY

游客人数（按国籍分）

ARRIVALS BY NATIONALITY 2011

单　位：万人次
UNIT：10000 PERSON-TIMES

七月 JULY	八月 AUG.	九月 SEP.	十月 OCT.	十一月 NOV.	十二月 DEC.	合计 TOTAL	占总数比重(%) P. C. TOTAL	比上年增长(%) GROWTH (%)
236.72	**246.79**	**231.67**	**262.54**	**228.83**	**217.42**	**2 711.20**	**100.00**	**3.77**
143.03	**152.66**	**141.24**	**153.45**	**142.80**	**139.88**	**1 665.02**	**61.41**	**2.76**
32.37	36.38	32.48	34.11	32.96	30.39	365.82	13.49	-1.96
39.54	42.03	33.61	36.83	30.75	29.34	418.54	15.44	2.67
7.52	11.77	8.46	8.70	9.94	8.26	99.42	3.67	25.15
4.71	7.15	5.58	5.22	4.57	5.66	60.87	2.25	6.15
7.85	9.34	9.96	11.96	12.98	12.57	124.51	4.59	-0.01
7.22	6.81	7.11	8.18	7.88	8.14	89.43	3.30	7.97
7.25	7.05	9.09	9.56	11.01	12.54	106.30	3.92	5.91
3.93	3.99	4.70	6.57	4.01	4.94	60.80	2.24	-4.33
4.99	4.74	5.24	5.90	5.09	4.47	60.65	2.24	10.40
17.92	15.53	16.46	18.14	15.67	15.77	191.82	7.08	-8.01
54.98	**58.39**	**51.08**	**62.01**	**48.74**	**42.13**	**591.08**	**21.80**	**4.20**
5.08	4.97	5.12	6.20	5.11	4.08	59.57	2.20	3.61
4.57	4.73	3.91	5.19	3.71	3.37	49.31	1.82	-3.82
5.13	5.78	5.51	7.01	5.49	4.15	63.70	2.35	4.67
2.00	2.23	1.95	2.71	2.10	1.52	23.50	0.87	2.53
0.71	0.64	0.70	0.86	0.64	0.45	7.53	0.28	1.34
1.09	1.10	1.17	1.77	1.55	1.52	17.01	0.63	10.11
2.40	1.85	1.70	2.05	1.52	1.32	19.75	0.73	4.44
25.66	28.54	22.78	25.57	20.55	18.99	253.63	9.35	7.00
17.92	15.53	16.46	18.14	15.67	15.77	191.82	7.08	-8.01
27.67	**25.43**	**25.98**	**33.36**	**26.05**	**23.14**	**320.10**	**11.81**	**6.87**
18.46	16.79	17.23	21.52	17.20	15.20	211.61	7.81	5.30
6.44	5.81	5.75	7.43	6.47	6.10	74.80	2.76	9.15
17.92	15.53	16.46	18.14	15.67	15.77	191.82	7.08	-8.01
6.92	**6.39**	**8.38**	**8.47**	**6.86**	**8.13**	**85.93**	**3.17**	**8.87**
5.75	5.28	7.21	7.22	5.82	6.86	72.62	2.68	9.80
1.07	1.00	1.07	1.13	0.94	1.17	12.09	0.45	4.18
17.92	15.53	16.46	18.14	15.67	15.77	191.82	7.08	-8.01
4.11	**3.91**	**4.97**	**5.24**	**4.36**	**4.12**	**48.88**	**1.80**	**5.44**
0.01	**0.01**	**0.03**	**0.02**	**0.02**	**0.02**	**0.19**	**0.01**	**-5.65**

1－7　2007～2011 年入境外国游客人数（按国籍分）

ANNUAL FOREIGN VISITOR ARRIVALS BY NATIONALITY 2007—2011

单　位：万人次
UNIT：10000 PERSON-TIMES

国　籍 NATIONALITY		2007 年 2007	2008 年 2008	2009 年 2009	2010 年 2010	2011 年 2011
总　　计	**TOTAL**	**2 221.03**	**2 432.53**	**2 193.75**	**2 612.69**	**2 711.20**
亚　　洲	**ASIA**	**1 359.60**	**1 456.17**	**1 377.93**	**1 620.37**	**1 665.02**
日　　本	JAPAN	374.59	344.61	331.75	373.12	365.82
韩　　国	KOREA	392.40	396.04	319.75	407.64	418.54
蒙　　古	MONGOLIA	63.12	70.53	57.67	79.44	99.42
印度尼西亚	INDONESIA	43.30	42.63	46.90	57.34	60.87
马来西亚	MALAYSIA	91.05	104.05	18.32	18.32	18.32
菲律宾	PHILIPPINES	70.42	79.53	74.89	82.83	89.43
新加坡	SINGAPORE	82.79	87.58	88.95	100.37	106.30
泰　　国	THAILAND	59.20	55.43	54.18	63.55	60.80
印　　度	INDIA	40.51	43.66	44.89	54.93	60.65
其　　他	OTHERS	142.23	232.12	340.62	382.84	384.88
欧　　洲	**EUROPE**	**527.18**	**611.27**	**459.12**	**567.28**	**591.08**
英　　国	UNITED KINGDOM	55.26	55.15	52.88	57.50	59.57
法　　国	FRANCE	40.22	43.00	42.48	51.27	49.31
德　　国	GERMANY	50.06	52.89	51.85	60.86	63.70
意大利	ITALY	19.53	19.44	19.14	22.92	23.50
瑞　　士	SWITZERLAND	5.79	6.34	6.26	7.43	7.53
瑞　　典	SWEDEN	12.96	13.77	12.58	15.45	17.01
荷　　兰	NETHERLANDS	16.78	18.09	16.69	18.91	19.75
俄罗斯	RUSSIA	240.51	312.34	174.30	237.03	253.63
其　　他	OTHERS	86.08	90.25	82.96	95.90	97.06
美　　洲	**AMERICA**	**240.58**	**258.19**	**249.12**	**299.54**	**320.10**
美　　国	U.S.A.	171.03	178.64	170.98	200.96	211.61
加拿大	CANADA	49.97	53.47	55.03	68.53	74.80
其　　他	OTHERS	19.59	26.08	23.10	30.05	33.69
大洋洲	**OCEANIA**	**63.86**	**68.87**	**67.24**	**78.93**	**85.93**
澳大利亚	AUSTRALIA	53.81	57.15	56.15	66.13	72.62
新西兰	NEW ZEALAND	8.86	10.52	10.04	11.61	12.09
其　　他	OTHERS	1.19	1.20	1.05	1.19	1.22
非　　洲	**AFRICA**	**29.38**	**37.84**	**40.12**	**46.36**	**48.88**
其　　他	**OTHERS**	**0.43**	**0.19**	**0.22**	**0.21**	**0.19**

资料来源：公安部
SOURCE：MINISTRY OF PUBLIC SECURITY

二、入境外国游客主要特征

2. MAJOR PROFILE OF FOREIGN VISITOR ARRIVALS

2－1 2010～2011年入境外国游客人数
（按年龄、性别、职业和入境方式分）
FOREIGN VISITOR ARRIVALS BY AGE，SEX，OCCUPATION & MODE OF TRANSPORT 2010－2011

单 位：万人次
UNIT：10000 PERSON-TIMES

项 目	ITEM	2011年 2011	占总人数比重(%) P. C. TOTAL	2010年 2010	占总人数比重(%) P. C. TOTAL
总 计	**TOTAL**	**2 711. 20**	**100. 0**	**2 612. 69**	**100. 0**
14岁及以下	UNDER 14	111. 94	4. 1	109. 44	4. 2
15～24岁	15－24	212. 44	7. 8	203. 09	7. 8
25～44岁	25－44	1 227. 62	45. 3	1 171. 31	44. 8
45～64岁	45－64	992. 28	36. 6	965. 20	36. 9
65岁及以上	OVER 65	166. 92	6. 2	163. 65	6. 3
男 性	MALE	1 745. 41	64. 4	1 678. 88	64. 3
女 性	FEMALE	965. 79	35. 6	933. 81	35. 7
会议/商务	MEETING/ BUSINESS	632. 64	23. 3	619. 67	23. 7
观光休闲	SIGHTSEEING/ LEISURE	1 221. 82	45. 1	1 238. 20	47. 4
探亲访友	VISITING RELATIVES & FRIENDS	10. 99	0. 4	9. 10	0. 3
服务员工	WORKER & CREW	269. 39	9. 9	246. 27	9. 4
其 他	OTHERS	576. 35	21. 3	499. 44	19. 1
船 舶	SEA	283. 21	10. 4	273. 64	10. 5
飞 机	AIR	1 607. 41	59. 3	1 543. 78	59. 1
火 车	RAIL	67. 56	2. 5	60. 76	2. 3
汽 车	MOTOR	366. 59	13. 5	341. 91	13. 1
徒 步	FOOT	386. 42	14. 3	392. 61	15. 0

资料来源：公安部
SOURCE：MINISTRY OF PUBLIC SECURITY

2-2 2011年各月入境外国

MONTHLY FOREIGN VISITOR

月份 MONTH	合计 TOTAL	会议/商务 MEETING/ BUSINESS
全年 WHOLE YEAR	**2 711.20**	**632.64**
一月 JAN.	188.57	45.32
二月 FEB.	171.97	39.40
三月 MAR.	225.23	56.63
四月 APR.	238.50	57.02
五月 MAY	232.38	56.19
六月 JUNE	230.58	54.11
七月 JULY	236.72	53.53
八月 AUG.	246.79	51.40
九月 SEP.	231.67	53.77
十月 OCT.	262.54	64.31
十一月 NOV.	228.83	55.55
十二月 DEC.	217.42	45.41

资料来源：公安部

SOURCE: MINISTRY OF PUBLIC SECURITY

游客人数（按目的分）

ARRIVALS BY PURPOSE 2011

单　位：万人次

UNIT：10000 PERSON-TIMES

观光休闲 SIGHTSEEING/ LEISURE	探亲访友 VISITING RELATIVES & FRIENDS	服务员工 WORKER & CREW	其　他 OTHERS
1 221.82	**10.99**	**269.39**	**576.35**
76.07	0.78	20.60	45.79
68.17	0.91	17.58	45.92
101.80	1.14	22.19	43.46
115.34	0.95	22.35	42.84
107.82	0.80	22.77	44.81
107.30	0.88	22.40	45.91
110.23	0.85	23.63	48.48
109.82	1.11	23.91	60.55
107.28	0.84	23.01	46.77
121.84	0.87	24.03	51.49
101.14	0.80	23.41	47.92
95.01	1.07	23.51	52.41

2-3 2011年各月入境外国游客人数
（按年龄和性别分）
MONTHLY FOREIGN VISITOR ARRIVALS BY AGE & SEX 2011

单　位：万人次
UNIT：10000 PERSON-TIMES

月　份 MONTH	合　计 TOTAL	年　龄 AGE					性　别 SEX	
		14岁及以下 UNDER 14	15～24岁 15－24	25～44岁 25－44	45～64岁 45－64	65岁及以上 OVER 65	男性 MALE	女性 FEMALE
全　年 WHOLE YEAR	**2 711.20**	**111.94**	**212.44**	**1 227.62**	**992.28**	**166.92**	**1 745.41**	**965.79**
一　月　JAN.	188.57	8.92	14.27	89.96	67.17	8.24	124.89	63.68
二　月　FEB.	171.97	8.26	15.28	79.30	60.62	8.50	113.49	58.48
三　月　MAR.	225.23	7.66	15.63	102.75	84.20	14.99	147.14	78.09
四　月　APR.	238.50	8.33	14.73	108.49	90.66	16.29	154.44	84.06
五　月　MAY	232.38	7.62	15.60	105.06	87.95	16.15	150.99	81.39
六　月　JUNE	230.58	10.60	18.74	102.84	84.21	14.19	147.47	83.11
七　月　JULY	236.72	13.68	24.10	104.79	82.29	11.85	149.58	87.13
八　月　AUG.	246.79	15.65	27.76	108.27	83.26	11.84	151.69	95.10
九　月　SEP.	231.67	6.15	16.82	103.77	87.58	17.36	148.25	83.42
十　月　OCT.	262.54	7.76	15.84	117.17	101.23	20.54	169.17	93.37
十一月　NOV.	228.83	6.57	14.20	104.85	87.35	15.86	149.55	79.28
十二月　DEC.	217.42	10.75	19.45	100.37	75.74	11.09	138.74	78.66

资料来源：公安部
SOURCE：MINISTRY OF PUBLIC SECURITY

2－4　2011年各月入境外国游客人数（按入境方式分）
MONTHLY FOREIGN VISITOR ARRIVALS BY MODE OF TRANSPORT 2011

单　位：万人次
UNIT：10000 PERSON-TIMES

月　份 MONTH	总　计 TOTAL	船舶 SEA	飞机 AIR	火车 RAIL	汽车 MOTOR	徒步 FOOT
全　年 WHOLE YEAR	**2 711.20**	**283.22**	**1 607.42**	**67.56**	**366.59**	**386.42**
一　月　JAN.	188.57	21.33	108.13	4.47	26.45	28.18
二　月　FEB.	171.97	16.02	107.59	3.54	21.49	23.34
三　月　MAR.	225.23	21.26	132.84	5.60	34.04	31.48
四　月　APR.	238.50	22.12	142.44	7.00	32.03	34.91
五　月　MAY	232.38	25.28	139.81	5.73	28.96	32.60
六　月　JUNE	230.58	25.22	134.72	5.38	31.68	33.59
七　月　JULY	236.72	27.64	138.44	5.60	30.81	34.23
八　月　AUG.	246.79	27.77	145.98	5.96	35.40	31.67
九　月　SEP.	231.67	23.99	140.80	5.58	29.85	31.45
十　月　OCT.	262.54	27.62	157.40	7.85	34.87	34.81
十一月　NOV.	228.83	22.87	133.82	5.78	31.98	34.37
十二月　DEC.	217.42	22.09	125.44	5.05	29.03	35.81

资料来源：公安部
SOURCE：MINISTRY OF PUBLIC SECURITY

2－5　2011年入境外国游客
FOREIGN VISITOR ARRIVALS

国　　籍 NATIONALITY	合　　计 TOTAL	会议/商务 MEETING/BUSINESS
总　　计　TOTAL	**2 711.20**	**632.64**
亚　　洲　ASIA	**1 665.02**	**355.96**
日　　本　JAPAN	365.82	95.45
韩　　国　KOREA	418.54	140.60
蒙　　古　MONGOLIA	99.42	8.90
印度尼西亚　INDONESIA	60.87	2.52
马来西亚　MALAYSIA	124.51	13.89
菲律宾　PHILIPPINES	89.43	3.14
新加坡　SINGAPORE	106.30	19.01
泰　　国　THAILAND	60.80	2.91
印　　度　INDIA	60.65	23.15
其　　他　OTHERS	278.69	46.39
欧　　洲　EUROPE	**591.08**	**170.29**
英　　国　UNITE KINGDOM	59.57	20.06
法　　国　FRANCE	49.31	12.50
德　　国　GERMANY	63.70	26.81
意大利　ITALY	23.50	8.32
瑞　　士　SWITZERLAND	7.53	2.58
瑞　　典　SWEDEN	17.01	4.04
荷　　兰　NETHERLANDS	19.75	3.61
俄罗斯　RUSSIA	253.63	66.12
其　　他　OTHERS	97.06	26.24
美　　洲　AMERICA	**320.10**	**70.56**
美　　国　U.S.A.	211.61	54.49
加拿大　CANADA	74.80	8.38
其　　他　OTHERS	33.69	7.69
大洋洲　OCEANIA	**85.93**	**14.65**
澳大利亚　AUSTRALIA	72.62	12.49
新西兰　NEW ZEALAND	12.09	1.95
其　　他　OTHERS	1.22	0.21
非　　洲　AFRICA	**48.88**	**21.15**
其　　他　OTHERS	**0.19**	**0.03**

资料来源：公安部

SOURCE：MINISTRY OF PUBLIC SECURITY

人数（按国籍和目的分）

BY NATIONALITY & PURPOSE 2011

单　位：万人次
UNIT：10000 PERSON-TIMES

观光休闲 SIGHTSEEING/ LEISURE	探亲访友 VISITING RELATIVES & FRIENDS	服务员工 WORKER & CREW	其　他 OTHERS
1 221.82	**10.99**	**269.39**	**576.35**
684.30	**9.35**	**186.05**	**429.36**
92.73	4.11	11.09	162.44
196.32	0.75	32.59	48.28
5.47	0.07	12.75	72.23
46.98	0.05	8.17	3.15
94.93	0.13	7.16	8.40
23.25	0.07	53.50	9.47
41.03	3.84	4.75	37.67
46.23	0.04	6.44	5.18
17.75	0.09	10.54	9.12
119.61	0.21	39.06	73.42
287.18	**0.58**	**59.07**	**73.96**
26.51	0.12	3.31	9.57
22.07	0.11	3.17	11.46
20.23	0.11	4.39	12.16
10.40	0.03	1.22	3.53
3.35	0.01	0.48	1.11
7.38	0.02	0.46	5.11
11.28	0.04	1.84	2.98
145.64	0.05	27.20	14.62
40.31	0.10	17.01	13.40
177.95	**0.75**	**16.61**	**54.24**
111.56	0.43	11.87	33.26
46.47	0.26	2.73	16.96
19.93	0.06	2.01	4.01
52.48	**0.26**	**3.69**	**14.85**
44.90	0.19	2.70	12.33
7.11	0.07	0.59	2.37
0.47	0.00	0.39	0.15
19.85	**0.05**	**3.98**	**3.86**
0.07	**0.01**	**0.00**	**0.08**

2-6 2011年入境外国游客
FOREIGN VISITOR ARRIVALS

国籍 NATIONALITY	合计 TOTAL	年龄 14岁及以下 UNDER 14	15~24岁 15-24
总计 TOTAL	**2 711.20**	**111.94**	**212.44**
亚洲 ASIA	**1 665.02**	**58.46**	**124.69**
日本 JAPAN	365.82	12.15	13.18
韩国 KOREA	418.54	19.22	29.62
蒙古 MONGOLIA	99.42	3.01	12.10
印度尼西亚 INDONESIA	60.87	2.60	5.82
马来西亚 MALAYSIA	124.51	5.15	8.03
菲律宾 PHILIPPINES	89.43	1.59	5.90
新加坡 SINGAPORE	106.30	5.71	6.78
泰国 THAILAND	60.80	1.83	4.76
印度 INDIA	60.65	1.94	4.87
其他 OTHERS	278.69	5.26	33.63
欧洲 EUROPE	**591.08**	**22.71**	**55.97**
英国 UNITED KINGDOM	59.57	2.54	3.79
法国 FRANCE	49.31	2.67	4.19
德国 GERMANY	63.70	2.18	3.91
意大利 ITALY	23.50	0.53	1.14
瑞士 SWITZERLAND	7.53	0.27	0.46
瑞典 SWEDEN	17.01	0.95	1.92
荷兰 NETHERLANDS	19.75	0.88	1.52
俄罗斯 RUSSIA	253.63	9.90	32.11
其他 OTHERS	97.06	2.80	6.93
美洲 AMERICA	**320.10**	**23.36**	**22.99**
美国 U.S.A.	211.61	14.26	14.32
加拿大 CANADA	74.80	6.51	5.83
其他 OTHERS	33.69	2.60	2.83
大洋洲 OCEANIA	**85.93**	**6.53**	**6.10**
澳大利亚 AUSTRALIA	72.62	5.29	5.18
新西兰 NEWZEALAND	12.09	1.19	0.81
其他 OTHERS	1.22	0.05	0.11
非洲 AFRICA	**48.88**	**0.88**	**2.68**
其他 OTHERS	**0.19**	**0.01**	**0.01**

资料来源：公安部

SOURCE：MINISTRY OF PUBLIC SECURITY

人数（按国籍、年龄和性别分）

BY NATIONALITY, AGE & SEX 2011

单　位：万人次
UNIT：10000 PERSON-TIMES

AGE			性　别　SEX	
25～44岁 25－44	45～64岁 45－64	65岁及以上 OVER 65	男性 MALE	女性 FEMALE
1 227.62	**992.28**	**166.92**	**1 745.41**	**965.79**
782.28	**595.81**	**103.78**	**1 107.44**	**557.58**
145.90	159.40	35.18	280.49	85.32
164.51	169.47	35.73	267.41	151.13
59.65	23.79	0.87	52.53	46.89
29.92	18.62	3.92	31.83	29.04
58.37	44.95	8.01	76.14	48.37
56.39	24.05	1.50	68.48	20.95
39.52	46.25	8.04	66.79	39.51
28.09	22.16	3.97	29.29	31.51
36.91	15.26	1.67	50.90	9.75
163.02	71.87	4.90	183.58	95.10
273.74	**212.49**	**26.17**	**347.86**	**243.22**
23.71	25.38	4.15	42.15	17.42
22.89	16.63	2.93	32.70	16.61
27.84	26.37	3.40	47.39	16.31
11.44	9.00	1.39	18.17	5.34
3.08	3.13	0.59	5.41	2.12
6.82	6.15	1.18	10.99	6.03
8.25	7.92	1.17	13.48	6.27
120.62	83.62	7.37	108.74	144.90
49.07	34.28	3.98	68.84	28.22
108.52	**135.90**	**29.33**	**202.73**	**117.38**
66.30	95.66	21.07	137.69	73.92
25.42	30.14	6.90	42.70	32.10
16.79	10.11	1.36	22.33	11.36
31.52	**34.79**	**6.99**	**52.33**	**33.60**
26.19	29.78	6.18	44.13	28.49
4.68	4.61	0.79	7.29	4.80
0.64	0.39	0.03	0.91	0.31
31.48	**13.21**	**0.63**	**34.93**	**13.94**
0.08	**0.09**	**0.01**	**0.12**	**0.07**

2-7 2011年入境外国游客人数（按国籍和入境方式分）

FOREIGN VISITOR ARRIVALS BY NATIONALITY & MODE OF TRANSPORT 2011

单 位：万人次
UNIT：10000 PERSON-TIMES

国籍 NATIONALITY		总计 TOTAL	船舶 SEA	飞机 AIR	火车 RAIL	汽车 MOTOR	徒步 FOOT
总计	**TOTAL**	**2 711.20**	**283.22**	**1 607.42**	**67.56**	**366.59**	**386.42**
亚洲	**ASIA**	**1 665.02**	**181.58**	**992.92**	**28.64**	**180.68**	**281.19**
日本	JAPAN	365.82	14.03	283.68	4.66	24.66	38.78
韩国	KOREA	418.54	58.06	322.58	2.40	11.40	24.11
蒙古	MONGOLIA	99.42	0.05	11.17	7.26	77.21	3.72
印度尼西亚	INDONESIA	60.87	9.04	27.27	1.52	9.40	13.64
马来西亚	MALAYSIA	124.51	4.54	84.31	1.48	9.02	25.17
菲律宾	PHILIPPINES	89.43	51.97	21.18	0.79	3.58	11.91
新加坡	SINGAPORE	106.30	4.11	69.57	1.42	8.87	22.34
泰国	THAILAND	60.80	2.32	42.60	0.51	3.70	11.68
印度	INDIA	60.65	12.27	29.68	1.77	6.29	10.63
其他	OTHERS	278.69	25.20	100.89	6.84	26.54	119.22
欧洲	**EUROPE**	**591.08**	**81.40**	**301.61**	**24.80**	**140.22**	**43.05**
英国	UNITED KINGDOM	59.57	3.97	38.64	2.27	5.67	9.02
法国	FRANCE	49.31	2.04	38.08	1.49	3.62	4.08
德国	GERMANY	63.70	3.12	52.64	1.17	3.18	3.60
意大利	ITALY	23.50	1.63	17.52	0.73	1.78	1.85
瑞士	SWITZERLAND	7.53	0.32	5.82	0.26	0.52	0.62
瑞典	SWEDEN	17.01	0.57	14.39	0.37	0.67	1.00
荷兰	NETHERLANDS	19.75	0.72	15.06	0.71	1.28	1.98
俄罗斯	RUSSIA	253.63	53.65	52.11	15.53	119.10	13.24
其他	OTHERS	97.06	15.38	67.35	2.27	4.40	7.66
美洲	**AMERICA**	**320.10**	**13.99**	**221.56**	**9.01**	**34.30**	**41.24**
美国	U.S.A.	211.61	8.97	152.02	4.82	21.79	24.01
加拿大	CANADA	74.80	3.24	48.68	2.24	8.55	12.10
其他	OTHERS	33.69	1.78	20.87	1.96	3.96	5.13
大洋洲	**OCEANIA**	**85.93**	**4.69**	**54.57**	**3.00**	**8.27**	**15.40**
澳大利亚	AUSTRALIA	72.62	3.75	46.78	2.47	6.71	12.90
新西兰	NEW ZEALAND	12.09	0.55	7.41	0.50	1.39	2.25
其他	OTHERS	1.22	0.40	0.38	0.03	0.17	0.24
非洲	**AFRICA**	**48.88**	**1.52**	**36.70**	**2.11**	**3.09**	**5.45**
其他	**OTHERS**	**0.19**	**0.02**	**0.05**	**0.00**	**0.03**	**0.09**

资料来源：公安部
SOURCE：MINISTRY OF PUBLIC SECURITY

三、国际旅游（外汇）收入

3. INTERNATIONAL TOURISM RECEIPTS

3-1 1978~2011年国际旅游（外汇）收入

INTERNATIONAL TOURISM RECEIPTS 1978—2011

年 份 YEAR	国际旅游(外汇)收入 (亿美元) TOURISM RECEIPTS (100Mn. US $)	发展指数 (1978年为100) INDICES (1978=100)	比上年增长 (%) GROWTH (%)
1978	2.63	100.00	—
1979	4.49	170.90	70.90
1980	6.17	234.60	37.30
1981	7.85	298.60	27.30
1982	8.43	320.70	7.40
1983	9.41	358.00	11.60
1984	11.31	430.30	20.20
1985	12.50	475.50	10.50
1986	15.31	582.30	22.50
1987	18.62	708.10	21.60
1988	22.47	854.60	20.70
1989	18.60	707.70	-17.20
1990	22.18	843.50	19.20
1991	28.45	1 082.10	28.30
1992	39.47	1 501.30	38.70
1993	46.83	1 781.40	18.70
1994	73.23	2 785.40	*
1995	87.33	3 321.70	19.25
1996	102.00	3 879.98	16.81
1997	120.74	4 592.67	18.37
1998	126.02	4 793.36	4.37
1999	140.99	5 362.70	11.88
2000	162.24	6 171.17	15.08
2001	177.92	6 767.59	9.67
2002	203.85	7 753.90	14.57
2003	174.06	6 620.82	-14.61
2004	257.39	9 790.35	47.87
2005	292.96	11 143.38	13.82
2006	339.49	12 913.28	15.88
2007	419.19	15 944.81	23.48
2008	408.43	15 535.43	-2.57
2009	396.75	15 091.29	-2.86
2010	458.14	17 419.77	15.47
2011	484.64	18 434.33	5.78

注：* 由于国家外汇管理体制变化，1994年国际旅游（外汇）收入统计方法也做了相应的改革，采用了与国际接轨的办法，与往年不能简单对比。

NOTE：* BECAUSE OF THE REFORM IN THE FOREIGN CURRENCY CONTROL SYSTEM, THE METHOD OF CALCULATING TOURISM RECEIPTS IN 1994 HAS ALSO BEEN ADJUSTED AND THE INTERNATIONAL STANDARD IS ADOPTED. IT IS NOT PROPER TO MAKE SIMPLE COMPARISON WITH THE FIGURES OF PREVIOUS YEARS.

3－2　2011年国际旅游（外汇）收入构成

BREAKDOWN OF INTERNATIONAL TOURISM RECEIPTS 2011

单　位：亿美元
UNIT：100Mn. US $

	国际旅游收入 TOURISM RECEIPTS	占总收入比重(%) P. C. TOTAL
总　　计　TOTAL	**484. 64**	**100. 0**
一、长途交通 LONG-DISTANCE TRANSPORTATION	151. 17	31. 2
1. 民航　AIR	114. 70	23. 7
2. 铁路　RAIL	14. 06	2. 9
3. 汽车　MOTOR	14. 06	2. 9
4. 轮船　SEA	8. 35	1. 7
二、住宿　ACCOMMODATION	50. 98	10. 5
三、餐饮　FOOD & BEVERAGE	35. 98	7. 4
四、游览　SIGHTSEEING	25. 32	5. 2
五、娱乐　ENTERTAINMENT	34. 66	7. 2
六、商品销售　SHOPPING	118. 56	24. 5
七、市内交通　LOCAL TRANSPORTATION	16. 19	3. 3
八、邮电通讯　COMMUNICATION	10. 36	2. 1
九、其他服务　OTHERS	41. 41	8. 5

3-3 2011年各月国际旅游（外汇）收入
MONTHLY OF INTERNATIONAL TOURISM RECEIPTS 2011

单 位：亿美元
UNIT：100 Mn. US $

月份 MONTH	总计 TOTAL	外国人 FOREIGNERS	香港同胞 HONG KONG COMPATRIOTS	澳门同胞 MACAO COMPATRIOTS	台湾同胞 TAIWAN COMPATRIOTS
全年 WHOLE YEAR	**484.64**	**286.53**	**110.64**	**27.63**	**59.85**
一月 JAN.	34.94	19.72	9.00	2.48	3.73
二月 FEB.	33.26	18.11	8.12	1.96	5.07
三月 MAR.	39.94	23.79	9.32	2.32	4.51
四月 APR.	43.28	25.32	10.38	2.35	5.23
五月 MAY	41.23	24.60	9.03	2.27	5.33
六月 JUNE	40.65	24.40	8.80	2.23	5.23
七月 JULY	42.74	25.01	9.51	2.41	5.81
八月 AUG.	43.09	26.17	9.14	2.39	5.39
九月 SEP.	40.71	24.50	8.94	2.23	5.05
十月 OCT.	45.11	28.00	9.28	2.33	5.49
十一月 NOV.	40.33	24.13	9.24	2.24	4.71
十二月 DEC.	39.35	22.78	9.87	2.41	4.29

3-4 2010~2011年主要城市国际旅游（外汇）收入
INTERNATIONAL TOURISM RECEIPTS BY MAJOR CITIES 2010—2011

单 位：万美元
UNIT：TEN THOUS. US $

城市名称 NAME OF CITY		2011年 2011	2010年 2010	增长(%) GROWTH(%)
北　京	BEIJING	541 600	435 668	24.3
天　津	TIANJIN	175 553	118 264	48.4
石家庄	SHIJIAZHUANG	4 943	4 325	14.3
秦皇岛	QINHUANGDAO	13 770	11 909	15.6
承　德	CHENGDE	11 075	5 020	120.6
太　原	TAIYUAN	19 798	13 384	47.9
大　同	DATONG	8 651	6 192	39.7
呼和浩特	HOHHOT	8 604	5 490	56.7
沈　阳	SHENYANG	49 980	36 999	35.1
大　连	DALIAN	80 519	72 748	10.7
长　春	CHANGCHUN	16 974	11 626	46.0
吉　林	JILIN	2 432	1 440	68.9
延　边	YANBIAN	14 845	8 798	68.7
哈尔滨	HARBIN	16 918	14 540	16.4
上　海	SHANGHAI	575 118	474 402	21.2
南　京	NANJING	119 960	83 728	43.3
无　锡	WUXI	59 839	34 889	71.5
苏　州	SUZHOU	146 998	99 725	47.4
南　通	NANTONG	39 916	30 933	29.0
连云港	LIANYUNGANG	12 869	9 173	40.3
杭　州	HANGZHOU	195 710	137 995	41.8
宁　波	NINGBO	65 472	48 650	34.6
温　州	WENZHOU	25 602	17 797	43.9
合　肥	HEFEI	21 783	10 758	102.5
黄　山	HUANGSHAN	39 302	25 881	51.9
福　州	FUZHOU	102 854	77 400	32.9
厦　门	XIAMEN	129 901	90 194	44.0
泉　州	QUANZHOU	79 661	64 771	23.0

3－4(续1)

城市名称 NAME OF CITY		2011年 2011	2010年 2010	增长(%) GROWTH(%)
漳州	ZHANGZHOU	18 781	12 685	48.1
南昌	NANCHANG	3 811	3 167	20.3
九江	JIUJIANG	9 162	7 761	18.1
济南	JINAN	14 228	9 318	52.7
青岛	QINGDAO	68 933	55 178	24.9
烟台	YANTAI	46 816	31 081	50.6
威海	WEIHAI	21 855	16 083	35.9
郑州	ZHENGZHOU	14 760	13 800	7.0
洛阳	LUOYANG	15 526	13 154	18.0
武汉	WUHAN	60 581	32 902	84.1
长沙	CHANGSHA	50 484	36 490	38.4
广州	GUANGZHOU	485 306	362 396	33.9
深圳	SHENZHEN	374 474	276 026	35.7
珠海	ZHUHAI	106 685	102 670	3.9
汕头	SHANTOU	5 071	4 910	3.3
湛江	ZHANJIANG	3 630	2 237	62.3
中山	ZHONGSHAN	24 717	20 434	21.0
南宁	NANNING	8 226	3 939	108.8
桂林	GUILIN	61 763	41 736	48.0
北海	BEIHAI	2 574	1 721	49.6
海口	HAIKOU	3 845	3 089	24.5
三亚	SANYA	31 259	19 497	60.3
重庆	CHONGQING	53 721	53 721	0.0
成都	CHENGDU	47 959	21 937	118.6
贵阳	GUIYANG	3 560	4 122	－13.6
昆明	KUNMING	29 788	21 759	36.9
拉萨	LHASA	9 400	5 704	64.8
西安	XI'AN	64 100	38 293	67.4
兰州	LANZHOU	278	289	－3.7
西宁	XINING	2 563	970	164.2
银川	YINCHUAN	488	341	43.3
乌鲁木齐	URUMQI	15 459	4 836	219.6

3－5 2010～2011年各地区国际旅游（外汇）收入

INTERNATIONAL TOURISM RECEIPTS BY LOCALITY 2010—2011

单 位：万美元
UNIT：TEN THOUS. US $

地 区 LOCALITY	2011年 2011	2010年 2010	2011年比2010年增长(%) GROWTH(%)
北 京 BEIJING	541 600	504 461	7.4
天 津 TIANJIN	175 553	141 951	23.7
河 北 HEBEI	44 765	35 071	27.6
山 西 SHANXI	56 719	46 460	22.1
内蒙古 INNER MONGOLIA	67 097	60 190	11.5
辽 宁 LIAONING	271 314	225 933	20.1
吉 林 JILIN	38 528	30 492	26.4
黑龙江 HEILONGJIANG	91 762	76 250	20.3
上 海 SHANGHAI	575 118	634 092	-9.3
江 苏 JIANGSU	565 297	478 343	18.2
浙 江 ZHEJIANG	454 173	393 020	15.6
安 徽 ANHUI	117 918	70 898	66.3
福 建 FUJIAN	363 444	297 824	22.0
江 西 JIANGXI	41 500	34 603	19.9
山 东 SHANDONG	255 076	215 504	18.4
河 南 HENAN	54 903	49 877	10.1
湖 北 HUBEI	94 018	75 116	25.2
湖 南 HUNAN	101 434	90 622	11.9
广 东 GUANGDONG	1 390 619	1 238 261	12.3
广 西 GUANGXI	105 188	80 615	30.5
海 南 HAINAN	37 615	32 236	16.7
重 庆 CHONGQING	96 806	70 320	37.7
四 川 SICHUAN	59 383	35 409	67.7
贵 州 GUIZHOU	13 507	12 958	4.2
云 南 YUNNAN	160 861	132 365	21.5
西 藏 TIBET	12 963	10 359	25.1
陕 西 SHAANXI	129 505	101 596	27.5
甘 肃 GANSU	1 740	1 481	17.4
青 海 QINGHAI	2 659	2 045	30.0
宁 夏 NINGXIA	620	599	3.4
新 疆 XINJIANG	46 519	18 542	150.9

3－6 2011年入境过夜游客人均天花费情况（按地区分）
THE AVERAGE DAILY PER CAPITA EXPENDITURE BY INTERNATIONAL TOURISTS 2011

地　区 LOCALITY	人均天花费（美元/人天）(US $/NIGHT)	AVERAGE EXPENDITURE			
		外国人 FOREIGNERS	香港同胞 HONG KONG COMPATRIOTS	澳门同胞 MACAO COMPATRIOTS	台湾同胞 TAIWAN COMPATRIOTS
北　京 BEIJING	247.78	242.68	287.52	255.09	271.17
天　津 TIANJIN	197.64	190.77	219.60	313.57	211.50
河　北 HEBEI	163.56	162.59	170.37	179.01	164.19
山　西 SHANXI	174.12	171.88	179.30	181.01	178.71
内蒙古 INNER MONGOLIA	181.02	182.41	181.58	116.02	173.69
辽　宁 LIAONING	204.49	204.42	196.92	218.86	209.35
吉　林 JILIN	177.90	177.38	192.25	194.28	165.24
黑龙江 HEILONGJIANG	188.79	201.25	162.85	258.44	120.78
上　海 SHANGHAI	251.81	249.14	266.80	296.09	261.00
江　苏 JIANGSU	213.82	213.12	216.21	227.56	213.39
浙　江 ZHEJIANG	208.53	208.84	205.30	185.40	215.26
安　徽 ANHUI	178.37	180.33	152.36	171.30	167.41
福　建 FUJIAN	197.39	199.55	187.79	223.94	194.64
江　西 JIANGXI	156.64	165.71	133.33	163.18	143.52
山　东 SHANDONG	203.50	206.20	193.01	200.54	200.48
河　南 HENAN	152.84	156.01	144.43	129.51	135.43
湖　北 HUBEI	195.36	196.12	190.84	185.27	202.38
湖　南 HUNAN	188.24	189.78	178.01	178.41	159.20
广　东 GUANGDONG	169.08	182.61	143.15	138.86	167.97
广　西 GUANGXI	188.11	188.70	183.56	193.10	188.00
海　南 HAINAN	176.69	184.86	150.60	113.81	140.41
重　庆 CHONGQING	176.39	169.45	199.46	234.85	190.23
四　川 SICHUAN	176.69	180.53	167.48	174.76	168.45
贵　州 GUIZHOU	168.68	171.14	190.99	146.95	147.84
云　南 YUNNAN	186.59	189.31	183.52	160.69	179.10
西　藏 TIBET	180.33	179.96	205.07	135.07	188.01
陕　西 SHAANXI	188.30	196.34	131.13	152.84	138.59
甘　肃 GANSU	157.30	157.42	126.37	184.04	152.12
青　海 QINGHAI	151.63	151.69	124.67	150.44	196.32
宁　夏 NINGXIA	159.31	153.99	159.80	181.45	268.17
新　疆 XINJIANG	174.74	174.74	—	—	—

资料来源：2011年“入境游客在华花费情况抽样调查”

SOURCE: THE 2011 SAMPLING OF EXPENDITURES BY INTERNATIONAL VISITORS IN CHINA

3－7　2011年入境过夜游客

BREAKDOWN OF THE AVERAGE DAILY PER CAPITA

地　　区 LOCALITY		人均天花费 （美元/人天） EXPENDITURE （US $/NIGHT）	人均天花费构成（%）		
			长途交通 LONG-DISTANCE TRANSPORTATION	游　　览 SIGHTSEEING	住　　宿 ACCOMMO- DATION
北　　京	BEIJING	247.78	26.4	4.2	15.5
天　　津	TIANJIN	197.64	38.1	4.4	11.9
河　　北	HEBEI	163.56	23.2	6.6	16.0
山　　西	SHANXI	174.12	28.4	8.1	13.9
内 蒙 古	INNER MONGOLIA	181.02	12.4	4.3	9.5
辽　　宁	LIAONING	204.49	37.0	5.0	11.8
吉　　林	JILIN	177.90	38.0	4.7	14.5
黑 龙 江	HEILONGJIANG	188.79	33.5	3.8	8.6
上　　海	SHANGHAI	251.81	39.7	4.2	19.7
江　　苏	JIANGSU	213.82	34.7	4.2	16.0
浙　　江	ZHEJIANG	208.53	34.1	5.1	13.1
安　　徽	ANHUI	178.37	33.2	6.3	10.8
福　　建	FUJIAN	197.39	38.0	3.2	10.0
江　　西	JIANGXI	156.64	35.9	4.8	9.6
山　　东	SHANDONG	203.50	35.7	5.7	15.8
河　　南	HENAN	152.84	34.9	5.9	11.4
湖　　北	HUBEI	195.36	39.7	4.4	11.9
湖　　南	HUNAN	188.24	29.5	4.8	10.6
广　　东	GUANGDONG	169.08	43.4	3.3	12.6
广　　西	GUANGXI	188.11	36.7	6.9	9.5
海　　南	HAINAN	176.69	21.1	2.9	24.5
重　　庆	CHONGQING	176.39	44.2	3.9	9.8
四　　川	SICHUAN	176.69	33.4	4.6	15.4
贵　　州	GUIZHOU	168.68	38.5	4.0	12.6
云　　南	YUNNAN	186.59	30.3	6.0	9.0
西　　藏	TIBET	180.33	34.9	4.4	10.6
陕　　西	SHAANXI	188.30	40.8	6.0	10.7
甘　　肃	GANSU	157.30	39.7	6.7	9.7
青　　海	QINGHAI	151.63	43.5	7.2	14.3
宁　　夏	NINGXIA	159.31	26.9	6.0	17.1
新　　疆	XINJIANG	174.74	24.3	3.2	7.7

资料来源：2011年“入境游客在华花费情况抽样调查”

SOURCE：THE 2011 SAMPLING OF EXPENDITURES BY INTERNATIONAL VISITORS IN CHINA

人均天花费构成

EXPENDITURE BY INTERNATIONAL TOURISTS 2011

BREAKDOWN OF EXPENDITURE(%)					
餐 饮 FOOD & BEVERAGE	购 物 SHOPPING	娱 乐 ENTER-TAINMENT	邮电通讯 COMMU-NICATION	市内交通 LOCAL TRANS-PORTATION	其他服务 OTHERS
6. 8	25. 3	6. 0	2. 0	3. 5	10. 3
8. 2	22. 9	3. 8	1. 5	3. 0	6. 2
8. 4	20. 4	6. 6	3. 3	4. 8	10. 7
10. 0	17. 5	5. 6	3. 5	1. 9	11. 1
4. 6	45. 5	5. 1	2. 0	4. 5	12. 1
7. 9	19. 8	5. 8	2. 0	2. 6	8. 1
7. 3	17. 9	6. 3	1. 4	2. 4	7. 5
4. 2	36. 4	2. 7	2. 2	1. 3	7. 3
6. 6	13. 1	6. 3	1. 7	3. 5	5. 2
8. 4	19. 6	6. 4	2. 0	2. 3	6. 4
6. 3	22. 1	6. 3	1. 9	3. 0	8. 1
8. 4	23. 4	5. 5	1. 9	1. 7	8. 8
6. 4	21. 4	10. 2	1. 7	1. 9	7. 2
6. 1	29. 9	3. 4	2. 1	1. 7	6. 5
6. 6	18. 9	6. 6	1. 6	2. 0	7. 1
4. 5	25. 4	3. 7	2. 9	2. 3	9. 0
8. 3	18. 3	5. 2	1. 7	2. 7	7. 8
6. 6	26. 1	4. 4	2. 8	7. 5	7. 7
7. 0	16. 6	6. 3	1. 5	1. 9	7. 4
6. 3	23. 2	5. 4	1. 8	2. 8	7. 4
7. 9	26. 1	7. 4	1. 3	2. 2	6. 6
6. 0	20. 5	4. 4	1. 1	2. 7	7. 4
7. 8	21. 9	5. 0	2. 1	3. 2	6. 6
5. 4	24. 0	4. 7	2. 4	0. 8	7. 6
5. 0	27. 2	8. 2	2. 3	2. 6	9. 4
5. 5	31. 2	3. 1	3. 2	0. 7	6. 4
3. 8	18. 4	5. 5	2. 3	4. 0	8. 5
4. 6	24. 0	1. 8	2. 4	3. 5	7. 6
5. 0	14. 7	4. 2	1. 7	1. 4	8. 0
5. 9	15. 9	12. 3	3. 7	5. 9	6. 3
4. 3	38. 0	0. 0	2. 8	4. 0	15. 7

3－8　2011年入境过夜游客

（按年龄、性别、

THE AVERAGE DAILY PER CAPITA

TOURISTS BY AGE，SEX，

		人均天花费（美元/人天）EXPENDITURE	外 国 人 FOREIGNERS
总 平 均	**AVERAGE TOTAL**	**195.38**	**209.22**
14岁及以下	UNDER 14	149.79	164.06
15～24岁	15－24	158.25	169.29
25～44岁	25－44	199.15	213.69
45～64岁	45－64	206.77	219.40
65岁及以上	OVER 65	178.98	200.77
男　　性	MALE	203.30	215.18
女　　性	FEMALE	183.78	199.48
政府工作人员	OFFICIAL	184.71	190.71
专业技术人员	PROFESSIONAL	196.11	212.50
职　　员	CLERK	202.45	214.74
技工/工人	TECHNICIAN/WORKER	199.21	220.65
商贸人员	BUSINESSMAN	215.79	226.61
服务员/推销员	WAITER/SALESMAN	189.57	210.99
退休人员	RETIRED	176.83	198.05
家庭妇女	HOUSEWIFE	190.69	210.06
军　　人	ARMYMAN	173.17	187.78
学　　生	STUDENT	151.76	161.25
其　　他	OTHERS	211.16	221.32
观光游览	SIGHTSEEING	188.39	196.50
休闲度假	LEISURE/HOLIDAY	192.14	210.51
探亲访友	VISITING RELATIVES & FRIENDS	148.51	167.25
商　　务	BUSINESS	218.48	226.36
会　　议	MEETING	212.20	235.20
宗教朝拜	RELIGION/PILGRIMAGE	192.67	196.34
文化体育科技交流	CULTURAL/SPORTS/SCIENTIFIC EXCHANGE PROGRAMME	170.23	186.41
购　　物	SHOPPING	202.59	228.37
医疗保健	HEALTH & MEDICAL CARE	196.35	197.37
其　　他	OTHERS	217.34	232.70

资料来源：2011年“入境游客花费情况抽样调查”

SOURCE：THE 2011 SAMPLING OF EXPENDITURES BY INTERNATIONAL VISITORS IN CHINA

人均天花费情况

职业和目的分）

EXPENDITURE BY INTERNATIONAL

OCCUPATION & PURPOSE 2011

单位：美元/人天
UNIT：US $/DAILY PER CAPITA

香港同胞 HONG KONG COMPATRIOTS	澳门同胞 MACAO COMPATRIOTS	台湾同胞 TAIWAN COMPATRIOTS
149.17	**115.92**	**189.11**
56.43	32.00	167.50
142.68	86.70	148.08
150.23	117.13	191.71
159.75	140.47	199.05
109.79	91.74	171.31
155.39	115.14	196.10
142.51	116.56	180.06
149.95	143.18	210.65
134.14	127.38	193.45
155.74	118.47	185.00
134.91	135.10	174.01
178.46	126.82	218.27
140.57	119.25	175.26
122.97	81.48	163.98
143.57	127.13	169.51
110.03	137.41	157.30
123.98	82.52	156.19
166.53	125.14	204.74
152.20	127.85	188.92
132.22	114.75	195.74
110.39	82.90	162.80
191.72	146.10	201.98
167.80	128.28	215.59
162.13	137.17	201.52
125.17	113.45	184.57
124.05	77.46	146.52
177.05	277.77	87.17
165.87	126.88	138.84

四、国内旅游基本情况

4. STATISTICS OF DOMESTIC TOURISM

4-1 2011年全国国内旅游基本情况
MAJOR STATISTICS OF DOMESTIC TOURISM 2011

	总人次数（亿人次）DOMESTIC VISITORS（100Mn. PERSON-TIMES）	*出游率（%）RATE（%）	总花费（亿元）DOMESTIC TOURISM EXPENDITURE（100Mn. RMB ¥）	人均每次花费（元/人次）PER CAPITA EXPENDITURE（YUAN/PERSON-TIME）
全国总计 TOTAL	**26.41**	**197.1**	**19 305.39**	**731.0**
城镇居民 URBAN RESIDENTS	**16.87**	**253.5**	**14 808.61**	**877.8**
一季度 JAN. - MAR.	4.09	61.5	3 539.65	865.4
二季度 APR. - JUNE	3.97	59.6	3 229.75	813.5
三季度 JULY - SEP.	4.34	65.2	4 114.56	948.1
四季度 OCT. - DEC.	4.47	67.2	3 924.65	878.0
农村居民 RURAL RESIDENTS	**9.54**	**141.5**	**4 496.78**	**471.4**
一季度 JAN. - MAR.	3.51	52.1	1 722.62	490.8
二季度 APR. - JUNE	1.95	28.9	890.55	456.7
三季度 JULY - SEP.	1.92	28.5	840.37	437.7
四季度 OCT. - DEC.	2.16	32.0	1 043.24	483.0

注：*出游率指城镇居民或农村居民出游人次数占其总人口数的比重。

NOTE: * RATE IS THE RATIO THAT THE TOTAL AMOUNT OF THE URBAN VISITORS OR THE RURAL VISITORS COMPARES TO THE URBAN RESIDENTS OR THE RURAL RESIDENTS.

4-2 2011年城镇居民国内

COMPOSITION OF DOMESTIC URBAN

		人次数构成 P. C. TOTAL	观光游览 SIGHTSEEING
调查总平均	**GROSS AVERAGE**	**100.0**	**29.5**
按性别分	**SEX**		
男　　性	MALE	100.0	28.0
女　　性	FEMALE	100.0	31.3
按年龄分	**AGE**		
14岁及以下	UNDER 14	100.0	39.7
15~24岁	15-24	100.0	29.9
25~34岁	25-34	100.0	25.8
35~44岁	35-44	100.0	29.4
45~64岁	45-64	100.0	29.1
65岁及以上	OVER 65	100.0	41.4
按受教育程度分	**EDUCATION LEVEL**		
初中及以下	JUNIOR SCHOOL AND BELOW	100.0	32.4
高中(中专/职高/技校)	SENIOR SECONDARY SCHOOL (TECHNICAL SECONDARY SCHOOL / VOCATIONAL HIGH SCHOOL/ TECHNICAL SCHOOL)	100.0	30.9
大学本科、大专	UNDERGRADUATE & JUNIOR COLLEGE	100.0	28.9
研究生及以上	POSTGRADUATE AND ABOVE	100.0	24.1

游客人次数构成（按旅游目的分）
VISITORS BY PURPOSE 2011

单　位：%
UNIT：%

度假休闲娱乐 HOLIDAYS & LEISURE	商务出差 BUSINESS & PROFESSIONAL	探亲访友 VISITING RELATIVES & FRIENDS	健康疗养 HEALTH & MEDICAL CARE	其他 OTHERS
23.7	**15.2**	**28.9**	**1.3**	**1.3**
22.0	20.7	26.7	1.2	1.4
25.9	8.4	31.8	1.5	1.2
32.0	1.3	25.3	0.8	1.0
23.8	10.9	33.4	0.7	1.3
22.5	19.7	30.2	0.8	1.0
23.7	19.4	25.0	1.2	1.3
24.4	13.8	29.2	1.8	1.7
21.8	3.1	26.9	5.0	1.8
22.2	8.9	33.0	1.7	1.8
23.4	11.6	31.1	2.0	1.0
24.3	17.1	27.4	1.1	1.3
22.4	23.5	27.7	0.7	1.6

4 – 3　2011 年城镇居民国内

PER CAPITA EXPENDITURE ON DOMESTIC

		人均每次花费 PER CAPITA EXPENDITURE	观光游览 SIGHTSEEING
调查总平均	**GROSS AVERAGE**	**1 140.22**	**1 212.58**
按性别分	**SEX**		
男　　性	MALE	1 213.69	1 210.30
女　　性	FEMALE	1 047.92	1 215.14
按年龄分	**AGE**		
14 岁及以下	UNDER 14	684.25	881.36
15 ~ 24 岁	15 – 24	908.74	1 054.91
25 ~ 34 岁	25 – 34	1 311.53	1 370.13
35 ~ 44 岁	35 – 44	1 288.72	1 383.99
45 ~ 64 岁	45 – 64	1 115.12	1 204.69
65 岁及以上	OVER 65	706.09	809.26
按受教育程度分	**EDUCATION LEVEL**		
初中及以下	JUNIOR SCHOOL AND BELOW	668.11	841.55
高中(中专/职高/技校)	SENIOR SECONDARY SCHOOL (TECHNICAL SECONDARY SCHOOL / VOCATIONAL HIGH SCHOOL/ TECHNICAL SCHOOL)	866.81	978.77
大学本科、大专	UNDERGRADUATE & JUNIOR COLLEGE	1 283.71	1 397.29
研究生及以上	POSTGRADUATE AND ABOVE	1 700.48	1 231.69

游客人均每次花费（按旅游目的分）
URBAN VISITORS BY PURPOSE 2011

单　位：元/人·次
UNIT：YUAN/PERSON·TIME

度假休闲娱乐 HOLIDAYS & LEISURE	商务出差 BUSINESS & PROFESSIONAL	探亲访友 VISITING RELATIVES & FRIENDS	健康疗养 HEALTH & MEDICAL CARE	其他 OTHERS
893.26	**2 038.99**	**845.47**	**635.50**	**565.55**
906.60	2 090.48	856.76	623.77	476.00
879.04	1 879.15	833.54	647.40	702.60
603.80	1 595.42	452.48	99.96	580.40
772.83	1 259.94	795.48	456.40	240.50
1 126.16	2 038.49	964.91	509.24	780.71
959.71	2 147.80	877.80	624.43	810.62
766.01	2 319.41	820.83	539.32	473.88
494.67	2 060.98	548.70	983.86	129.57
575.89	916.58	511.00	551.10	450.45
669.92	1 315.31	766.46	601.79	486.71
986.96	2 218.11	902.37	631.76	612.55
1 379.11	2 887.70	1 427.90	1 357.27	655.64

4-4 2011年城镇居民国内游客人次数构成(按旅游方式分)
COMPOSITION OF DOMESTIC URBAN VISITORS BY ORGANIZED MODE 2011

单　位:%
UNIT:%

		人次数构成 P. C. TOTAL	旅行社组织 VIA TRAVEL AGENCIES	非旅行社组织 WITHOUT TRAVEL AGENCIES
调查总平均	**GROSS AVERAGE**	**100.0**	**6.6**	**93.4**
按性别分	**SEX**			
男　性	MALE	100.0	5.6	94.4
女　性	FEMALE	100.0	7.9	92.1
按年龄分	**AGE**			
14岁及以下	UNDER 14	100.0	6.8	93.2
15~24岁	15-24	100.0	4.9	95.1
25~34岁	25-34	100.0	5.4	94.6
35~44岁	35-44	100.0	7.2	92.8
45~64岁	45-64	100.0	7.9	92.1
65岁及以上	OVER 65	100.0	11.2	88.8
按受教育程度分	**EDUCATION LEVEL**			
初中及以下	JUNIOR SCHOOL AND BELOW	100.0	7.0	93.0
高中(中专/职高/技校)	SENIOR SECONDARY SCHOOL (TECHNICAL SECONDARY SCHOOL / VOCATIONAL HIGH SCHOOL/ TECHNICAL SCHOOL)	100.0	6.5	93.5
大学本科、大专	UNDERGRADUATE & JUNIOR COLLEGE	100.0	6.7	93.3
研究生及以上	POSTGRADUATE AND ABOVE	100.0	5.9	94.1

4-5 2011年城镇居民国内游客人均每次花费(按旅游方式分)
PER CAPITA EXPENDITURE ON DOMESTIC URBAN VISITORS BY ORGANIZED MODE 2011

单 位: 元/人·次
UNIT: YUAN/PERSON·TIME

		人均每次花费 PER CAPITA EXPENDITURE	旅行社组织 VIA TRAVEL AGENCIES	非旅行社组织 WITHOUT TRAVEL AGENCIES
调查总平均	**GROSS AVERAGE**	**1 140.22**	**2 116.78**	**1 070.86**
按性别分	**SEX**			
男　性	MALE	1 213.69	2 252.10	1 151.76
女　性	FEMALE	1 047.92	1 995.54	966.73
按年龄分	**AGE**			
14 岁及以下	UNDER 14	684.25	1 441.00	629.10
15~24 岁	15-24	908.74	1 287.93	889.41
25~34 岁	25-34	1 311.53	2 161.16	1 263.47
35~44 岁	35-44	1 288.72	2 706.47	1 178.11
45~64 岁	45-64	1 115.11	2 168.63	1 025.33
65 岁及以上	OVER 65	706.09	1 741.08	576.18
按受教育程度分	**EDUCATION LEVEL**			
初中及以下	JUNIOR SCHOOL AND BELOW	668.11	1 381.41	614.80
高中(中专/职高/技校)	SENIOR SECONDARY SCHOOL (TECHNICAL SECONDARY SCHOOL / VOCATIONAL HIGH SCHOOL/ TECHNICAL SCHOOL)	866.81	1 983.44	789.59
大学本科、大专	UNDERGRADUATE & JUNIOR COLLEGE	1 283.71	2 278.29	1 212.25
研究生及以上	POSTGRADUATE AND ABOVE	1 700.48	2 701.41	1 637.74

4-6 2011年农村居民国内
COMPOSITION OF DOMESTIC RURAL

		人次数构成 P. C. TOTAL	观光游览 SIGHTSEEING
调查总平均	**GROSS AVERAGE**	**100.0**	**18.5**
按性别分	**SEX**		
男　　性	MALE	100.0	18.9
女　　性	FEMALE	100.0	17.7
按年龄分	**AGE**		
14 岁及以下	UNDER 14	100.0	26.9
15~24 岁	15-24	100.0	20.7
25~34 岁	25-34	100.0	17.7
35~44 岁	35-44	100.0	17.7
45~64 岁	45-64	100.0	14.9
65 岁及以上	OVER 65	100.0	26.0
按受教育程度分	**EDUCATION LEVEL**		
小学及以下	PRIMARY SCHOOL AND BELOW	100.0	16.5
初中	JUNIOR SECONDARY SCHOOL	100.0	16.7
高中(中专/职高/技校)	SENIOR SECONDARY SCHOOL (SECONDARY SPECIALIZED SCHOOL / VOCATIONAL HIGH SCHOOL/ TECHNICAL SCHOOL)	100.0	19.0
大专、大学本科及以上	JUNIOR COLLEGE & UNDERGRADUATE AND ABOVE	100.0	21.6

游客人次数构成（按旅游目的分）

VISITORS BY PURPOSE 2011

单　位：%
UNIT：%

度假休闲娱乐 HOLIDAYS & LEISURE	商务出差 BUSINESS & PROFESSIONAL	探亲访友 VISITING RELATIVES & FRIENDS	健康疗养 HEALTH & MEDICAL CARE	其他 OTHERS
15.6	**15.6**	**42.4**	**2.7**	**5.3**
13.7	20.4	39.2	2.5	5.4
18.7	7.8	47.6	3.0	5.2
22.8	5.1	42.2	1.4	1.7
21.5	11.8	38.8	2.8	4.4
17.0	18.4	38.2	2.9	5.7
11.6	19.8	43.2	2.1	5.5
11.1	15.5	49.2	2.9	6.4
12.6	2.6	49.8	4.3	4.8
16.6	7.4	50.3	3.3	6.0
14.8	13.6	45.0	2.5	7.4
16.1	16.2	41.0	3.3	4.3
15.5	23.0	35.1	1.8	3.0

4－7　2011 年农村居民国内

PER CAPITA EXPENDITURE ON DOMESTIC

		人次数构成 P. C. TOTAL	观光游览 SIGHTSEEING
调查总平均	**GROSS AVERAGE**	**608.25**	**832.80**
按性别分	**SEX**		
男　　性	MALE	669.71	885.50
女　　性	FEMALE	507.61	740.76
按年龄分	**AGE**		
14 岁及以下	UNDER 14	392.72	386.81
15～24 岁	15－24	651.21	778.50
25～34 岁	25－34	678.25	888.63
35～44 岁	35－44	600.16	895.23
45～64 岁	45－64	556.60	912.92
65 岁及以上	OVER 65	469.42	911.08
按受教育程度分	**EDUCATION LEVEL**		
小学及以下	PRIMARY SCHOOL AND BELOW	407.13	482.52
初中	JUNIOR SECONDARY SCHOOL	442.06	677.71
高中(中专/职高/技校)	SENIOR SECONDARY SCHOOL (SECONDARY SPECIALIZED SCHOOL / VOCATIONAL HIGH SCHOOL/ TECHNICAL SCHOOL)	640.76	760.03
大专、大学本科及以上	JUNIOR COLLEGE & UNDERGRADUATE AND ABOVE	945.91	1 281.39

游客人均每次花费（按旅游目的分）

RURAL VISITORS BY PURPOSE 2011

单 位：元/人·次

UNIT：YUAN/PERSON · TIME

度假休闲娱乐 HOLIDAYS & LEISURE	商务出差 BUSINESS & PROFESSIONAL	探亲访友 VISITING RELATIVES & FRIENDS	健康疗养 HEALTH & MEDICAL CARE	其他 OTHERS
574.64	**901.75**	**452.84**	**462.91**	**377.37**
656.77	946.66	486.60	355.90	372.55
476.29	708.51	407.31	606.09	385.55
415.99	953.31	334.00	121.59	190.11
581.43	886.44	589.21	539.52	377.78
604.14	987.44	504.32	488.71	511.63
604.07	856.15	407.32	389.99	315.25
571.86	843.57	390.75	515.42	303.41
447.75	533.91	286.83	203.67	231.65
375.10	565.74	393.37	405.58	211.03
412.24	680.61	326.09	266.50	292.96
574.74	915.31	518.69	547.09	563.40
948.28	1 158.97	646.67	728.57	523.06

4-8 2011年农村居民国内游客人次数构成(按旅游方式分)

COMPOSITION OF DOMESTIC RURAL VISITORS BY ORGANIZED MODE 2011

单　位:%
UNIT:%

		人次数构成 P. C. TOTAL	旅行社组织 VIA TRAVEL AGENCIES	非旅行社组织 WITHOUT TRAVEL AGENCIES
调查总平均	**GROSS AVERAGE**	**100.0**	**3.4**	**96.6**
按性别分	**SEX**			
男　性	MALE	100.0	3.2	96.8
女　性	FEMALE	100.0	3.6	96.4
按年龄分	**AGE**			
14岁及以下	UNDER 14	100.0	4.5	95.5
15~24岁	15-24	100.0	2.7	97.3
25~34岁	25-34	100.0	2.5	97.5
35~44岁	35-44	100.0	3.4	96.6
45~64岁	45-64	100.0	3.6	96.4
65岁及以上	OVER 65	100.0	11.2	88.8
按受教育程度分	**EDUCATION LEVEL**			
小学及以下	PRIMARY SCHOOL AND BELOW	100.0	3.8	96.2
初中	JUNIOR SECONDARY SCHOOL	100.0	2.6	97.4
高中(中专/职高/技校)	SENIOR SECONDARY SCHOOL (SECONDARY SPECIALIZED SCHOOL / VOCATIONAL HIGH SCHOOL/ TECHNICAL SCHOOL)	100.0	2.9	97.1
大专、大学本科及以上	JUNIOR COLLEGE & UNDERGRADUATE AND ABOVE	100.0	4.8	95.2

4-9 2011年农村居民国内游客人均每次花费（按旅游方式分）
PER CAPITA EXPENDITURE ON DOMESTIC RURAL VISITORS BY ORGANIZED MODE 2011

单　位：元/人·次
UNIT：YUAN/PERSON·TIME

		人均每次花费 PER CAPITA EXPENDITURE	旅行社组织 VIA TRAVEL AGENCIES	非旅行社组织 WITHOUT TRAVEL AGENCIES
调查总平均	**GROSS AVERAGE**	**608.3**	**1 440.1**	**579.4**
按性别分	**SEX**			
男　　性	MALE	669.7	1 507.5	641.7
女　　性	FEMALE	507.6	1 339.7	476.9
按年龄分	**AGE**			
14 岁及以下	UNDER 14	392.7	526.7	386.5
15～24 岁	15－24	651.2	1 126.3	638.0
25～34 岁	25－34	678.3	1 515.0	657.1
35～44 岁	35－44	600.2	1 466.2	570.0
45～64 岁	45－64	556.6	1 871.6	506.9
65 岁及以上	OVER 65	469.4	1 383.0	354.3
按受教育程度分	**EDUCATION LEVEL**			
小学及以下	PRIMARY SCHOOL AND BELOW	407.1	648.8	397.6
初中	JUNIOR SECONDARY SCHOOL	442.1	1 071.9	425.3
高中（中专/职高/技校）	SENIOR SECONDARY SCHOOL (SECONDARY SPECIALIZED SCHOOL / VOCATIONAL HIGH SCHOOL/ TECHNICAL SCHOOL)	640.8	1 743.4	607.3
大专、大学本科及以上	JUNIOR COLLEGE & UNDERGRADUATE AND ABOVE	945.9	1 873.2	898.8

五、地方接待入境过夜游客情况

5. DISTRIBUTION OF INTERNATIONAL TOURISTS TO LOCALITY

5－1　2010～2011年各地区接待

INTERNATIONAL TOURISTS BY

地　区 LOCALITY	2011年总计 TOTAL 2011		
	人　数 （人次） ARRIVALS	人天数 （人 天） NIGHTS	平均停留 （天） AVERAGE STAY
总　计　TOTAL	**106 552 337**	**298 892 163**	**2.81**
北　京　BEIJING	5 204 021	21 863 730	4.20
天　津　TIANJIN	730 615	8 550 738	11.70
河　北　HEBEI	1 141 439	2 828 451	2.48
山　西　SHANXI	1 553 208	2 936 334	1.89
内蒙古　INNER MONGOLIA	1 515 177	3 789 387	2.50
辽　宁　LIAONING	4 053 329	13 109 804	3.23
吉　林　JILIN	993 204	2 164 178	2.18
黑龙江　HEILONGJIANG	2 065 195	4 609 335	2.23
上　海　SHANGHAI	6 686 144	22 848 116	3.42
江　苏　JIANGSU	7 373 266	31 057 691	4.21
浙　江　ZHEJIANG	7 736 908	21 355 353	2.76
安　徽　ANHUI	2 628 662	6 968 845	2.65
福　建　FUJIAN	4 274 232	18 508 218	4.33
江　西　JIANGXI	1 358 265	2 761 928	2.03
山　东　SHANDONG	4 242 277	12 659 883	2.98
河　南　HENAN	1 682 865	3 671 399	2.18
湖　北　HUBEI	2 135 247	4 596 252	2.15
湖　南　HUNAN	2 276 334	5 279 673	2.32
广　东　GUANGDONG	33 316 251	74 845 503	2.25
广　西　GUANGXI	3 027 923	5 400 429	1.78
海　南　HAINAN	814 307	2 121 575	2.61
重　庆　CHONGQING	1 864 016	5 631 962	3.02
四　川　SICHUAN	1 639 653	3 120 449	1.90
贵　州　GUIZHOU	585 148	812 242	1.39
云　南　YUNNAN	3 953 837	7 501 258	1.90
西　藏　TIBET	270 785	693 210	2.56
陕　西　SHAANXI	2 704 071	7 184 946	2.66
甘　肃　GANSU	91 080	113 274	1.24
青　海　QINGHAI	51 692	169 107	3.27
宁　夏　NINGXIA	19 479	38 893	2.00
新　疆　XINJIANG	563 707	1 700 000	3.02

入境过夜游客情况

LOCALITY 2010—2011

2010 年总计 TOTAL 2010			2011 年比 2010 年增减 INCREASE		
人　数（人次）ARRIVALS	人天数（人天）NIGHTS	平均停留（天）AVERAGE STAY	人　数（%）ARRIVALS（%）	人天数（%）NIGHTS（%）	平均停留（天）AVERAGE STAY
95 781 032	**266 295 181**	**2. 73**	**11. 25**	**12. 24**	**0. 07**
4 900 661	20 505 230	4. 18	6. 19	6. 63	0. 02
598 963	6 805 128	11. 36	21. 98	25. 65	0. 34
977 447	2 255 978	2. 31	16. 78	25. 38	0. 17
1 302 856	2 445 608	1. 88	19. 22	20. 07	0. 01
1 428 015	3 356 685	2. 35	6. 10	12. 89	0. 15
3 617 429	11 095 429	3. 07	12. 05	18. 15	0. 17
820 062	1 725 133	2. 10	21. 11	25. 45	0. 08
1 724 238	3 769 758	2. 19	19. 77	22. 27	0. 05
7 337 216	25 778 245	3. 51	- 8. 87	- 11. 37	- 0. 10
6 535 498	27 433 741	4. 20	12. 82	13. 21	0. 01
6 847 102	18 607 120	2. 72	13. 00	14. 77	0. 04
1 984 174	3 898 060	1. 96	32. 48	78. 78	0. 69
3 681 353	15 923 332	4. 33	16. 10	16. 23	0. 00
1 139 683	2 220 246	1. 95	19. 18	24. 40	0. 09
3 667 909	10 880 194	2. 97	15. 66	16. 36	0. 02
1 468 355	2 902 936	1. 98	14. 61	26. 47	0. 20
1 817 416	3 750 746	2. 06	17. 49	22. 54	0. 09
1 898 698	4 731 994	2. 49	19. 89	11. 57	- 0. 17
31 660 411	71 519 831	2. 21	5. 23	4. 65	0. 04
2 502 363	4 350 974	1. 74	21. 00	24. 12	0. 04
663 284	1 810 741	2. 73	22. 77	17. 17	- 0. 12
1 370 231	4 182 290	3. 05	36. 04	34. 66	- 0. 03
1 051 734	1 981 900	1. 89	55. 90	57. 45	0. 01
500 052	713 897	1. 43	17. 02	13. 78	- 0. 04
3 291 532	6 151 998	1. 87	20. 12	21. 93	0. 03
228 321	584 503	2. 56	18. 60	18. 60	0. 00
2 121 721	5 567 957	2. 62	27. 45	29. 04	0. 03
70 167	101 498	1. 45	29. 80	11. 60	- 0. 20
46 740	135 816	2. 91	10. 59	24. 51	0. 37
17 990	38 608	2. 15	8. 28	0. 74	- 0. 15
509 411	1 069 605	2. 10	10. 66	58. 94	0. 92

5－2　2011 年各地区接待

BREAKDOWN OF INTERNATIONAL

地　区 LOCALITY	外国人 FOREIGNERS			香港 HONG
	人　数（人次）ARRIVALS	人天数（人　天）NIGHTS	平均停留（天）AVERAGE STAY	人　数（人次）ARRIVALS
总　计 TOTAL	**59 205 897**	**183 511 758**	**3.10**	**29 001 926**
北　京 BEIJING	4 474 101	19 318 410	4.32	434 223
天　津 TIANJIN	635 795	7 076 899	11.13	44 092
河　北 HEBEI	982 681	2 418 431	2.46	58 072
山　西 SHANXI	982 522	1 848 371	1.88	232 832
内蒙古 INNER MONGOLIA	1 476 414	3 643 308	2.47	18 733
辽　宁 LIAONING	3 394 122	11 256 963	3.32	301 759
吉　林 JILIN	854 940	1 819 834	2.13	74 516
黑龙江 HEILONGJIANG	1 978 434	4 410 831	2.23	33 110
上　海 SHANGHAI	5 549 900	18 880 759	3.40	479 536
江　苏 JIANGSU	5 379 065	22 262 771	4.14	655 964
浙　江 ZHEJIANG	5 150 408	14 814 389	2.88	924 711
安　徽 ANHUI	1 517 481	4 135 547	2.73	409 617
福　建 FUJIAN	1 400 156	7 901 104	5.64	928 931
江　西 JIANGXI	439 844	924 372	2.10	470 386
山　东 SHANDONG	3 123 264	9 317 096	2.98	498 311
河　南 HENAN	1 042 883	2 382 045	2.28	238 397
湖　北 HUBEI	1 601 129	3 494 098	2.18	228 635
湖　南 HUNAN	1 198 013	3 028 335	2.53	389 399
广　东 GUANGDONG	7 493 442	20 155 445	2.69	20 444 198
广　西 GUANGXI	1 714 828	3 153 573	1.84	541 677
海　南 HAINAN	561 563	1 717 850	3.06	136 369
重　庆 CHONGQING	1 326 135	4 133 384	3.12	283 794
四　川 SICHUAN	1 137 298	2 231 335	1.96	192 823
贵　州 GUIZHOU	236 244	337 898	1.43	113 983
云　南 YUNNAN	2 809 988	5 261 839	1.87	524 270
西　藏 TIBET	249 026	644 354	2.59	7 228
陕　西 SHAANXI	1 899 093	5 193 458	2.73	300 943
甘　肃 GANSU	54 695	71 558	1.31	10 337
青　海 QINGHAI	41 073	140 319	3.42	1 378
宁　夏 NINGXIA	13 659	29 251	2.14	2 407
新　疆 XINJIANG	487 701	1 507 931	3.09	21 295

入境过夜游客构成

TOURISTS BY LOCALITY 2011

同胞 KONG COMPATRIOTS		澳门同胞 MACAO COMPATRIOTS			台湾同胞 TAIWAN COMPATRIOTS		
人天数（人天）NIGHTS	平均停留（天）AVERAGE STAY	人数（人次）ARRIVALS	人天数（人天）NIGHTS	平均停留（天）AVERAGE STAY	人数（人次）ARRIVALS	人天数（人天）NIGHTS	平均停留（天）AVERAGE STAY
66 773 343	**2.30**	**4 312 905**	**9 971 403**	**2.31**	**14 031 609**	**38 635 659**	**2.75**
1 581 601	3.64	12 946	48 173	3.72	282 751	915 546	3.24
715 888	16.24	2 439	46 484	19.06	48 289	711 467	14.73
128 851	2.22	19 969	49 121	2.46	80 717	232 048	2.87
494 516	2.12	124 766	208 592	1.67	213 088	384 855	1.81
66 094	3.53	4 767	16 254	3.41	15 263	63 731	4.18
907 776	3.01	79 320	184 230	2.32	278 128	760 835	2.74
188 277	2.53	8 838	16 896	1.91	54 910	139 171	2.53
92 956	2.81	7 831	14 913	1.90	45 820	90 635	1.98
1 511 649	3.15	24 244	84 840	3.50	632 464	2 370 868	3.75
3 028 140	4.62	74 495	232 428	3.12	1 263 742	5 534 352	4.38
2 199 013	2.38	248 890	560 784	2.25	1 412 899	3 781 167	2.68
1 076 695	2.63	134 806	395 053	2.93	566 758	1 361 550	2.40
4 509 516	4.85	94 430	408 688	4.33	1 850 715	5 688 910	3.07
896 121	1.91	204 901	367 639	1.79	243 134	573 796	2.36
1 515 670	3.04	130 126	426 528	3.28	490 576	1 400 589	2.85
438 282	1.84	100 009	195 255	1.95	301 576	655 817	2.17
483 115	2.11	62 852	98 078	1.56	242 631	520 961	2.15
760 329	1.95	176 268	346 768	1.97	512 654	1 144 241	2.23
41 825 133	2.05	2 258 464	5 184 541	2.30	3 120 147	7 680 384	2.46
910 762	1.68	109 655	189 720	1.73	661 763	1 146 374	1.73
234 848	1.72	11 309	18 493	1.64	105 066	150 384	1.43
806 544	2.84	8 572	23 204	2.71	245 515	668 830	2.72
371 521	1.93	31 725	60 377	1.90	277 807	457 216	1.65
166 469	1.46	55 133	71 033	1.29	179 788	236 842	1.32
1 014 520	1.94	144 132	342 632	2.38	475 447	882 267	1.86
15 855	2.19	4 016	7 836	1.95	10 515	25 165	2.39
760 888	2.53	168 645	353 975	2.10	335 390	876 625	2.61
12 948	1.25	3 231	3 778	1.17	22 817	24 990	1.10
3 307	2.40	595	2 499	4.20	8 646	22 982	2.66
4 011	1.67	409	652	1.59	3 004	4 979	1.66
52 048	2.44	5 122	11 939	2.33	49 589	128 082	2.58

5－3　2011年各地区接待
FOREIGN TOURISTS BY

地　区 LOCALITY		合　计 TOTAL	#日　本 JAPAN	#韩　国 KOREA	#马来西亚 MALA-YSIA	#菲律宾 PHILIP-PINES	#新加坡 SINGA-PORE
总　计	**TOTAL**	**59 205 897**	**8 914 590**	**8 600 464**	**2 517 684**	**613 311**	**2 252 882**
北　京	BEIJING	4 474 101	510 167	533 701	138 513	33 717	143 533
天　津	TIANJIN	635 795	188 190	140 474	12 856	3 109	19 252
河　北	HEBEI	982 681	95 555	99 578	54 113	16 514	47 905
山　西	SHANXI	982 522	169 354	58 310	44 559	8 980	17 960
内蒙古	INNER MONGOLIA	1 476 414	41 395	17 412	2 037	320	2 581
辽　宁	LIAONING	3 394 122	1 072 999	1 230 704	30 421	25 659	75 938
吉　林	JILIN	854 940	74 650	377 940	7 761	871	9 568
黑龙江	HEILONGJIANG	1 978 434	116 956	210 803	2 511	7 904	3 261
上　海	SHANGHAI	5 549 900	1 212 251	619 148	164 069	157 188	186 926
江　苏	JIANGSU	5 379 065	1 249 206	637 006	231 752	41 954	239 092
浙　江	ZHEJIANG	5 150 408	773 145	790 920	259 275	55 099	167 125
安　徽	ANHUI	1 517 481	161 563	551 714	46 203	12 872	65 644
福　建	FUJIAN	1 400 156	209 120	78 144	174 522	48 525	155 710
江　西	JIANGXI	439 844	32 347	38 936	14 503	10 442	21 432
山　东	SHANDONG	3 123 264	502 241	1 306 705	53 821	27 055	83 342
河　南	HENAN	1 042 883	110 006	240 713	49 571	17 989	27 728
湖　北	HUBEI	1 601 129	248 950	53 040	73 671	13 985	61 394
湖　南	HUNAN	1 198 013	95 251	446 925	68 366	21 193	42 831
广　东	GUANGDONG	7 493 442	1 129 635	393 164	414 101	54 109	302 893
广　西	GUANGXI	1 714 828	65 615	151 180	242 512	8 341	84 635
海　南	HAINAN	561 563	21 789	26 227	27 520	4 521	65 759
重　庆	CHONGQING	1 326 135	151 728	48 658	62 148	2 409	88 553
四　川	SICHUAN	1 137 298	236 973	96 611	46 935	4 108	67 926
贵　州	GUIZHOU	236 244	37 156	13 269	12 959	3 217	15 967
云　南	YUNNAN	2 809 988	161 634	230 885	221 640	12 496	184 864
西　藏	TIBET	249 026	10 842	11 957	10 120	1 114	10 028
陕　西	SHAANXI	1 899 093	186 715	169 337	39 264	18 543	48 552
甘　肃	GANSU	54 695	12 628	6 101	4 466	131	3 003
青　海	QINGHAI	41 073	5 782	2 105	1 653	438	1 985
宁　夏	NINGXIA	13 659	2 662	956	585	187	503
新　疆	XINJIANG	487 701	28 085	17 841	5 257	321	6 992

外国过夜游客人数(按国籍分)

LOCALITY & NATIONALITY 2011

单　位：人次
UNIT：ARRIVALS

#泰　国 THAI-LAND	#美　国 U. S. A.	#加拿大 CANADA	#英　国 UNITED KINGDOM	#法　国 FRANCE	#德　国 GERMANY	#俄罗斯 RUSSIA	#澳大利亚 AUS-TRALIA
1 260 766	**5 607 301**	**1 499 194**	**1 887 222**	**1 842 735**	**2 320 190**	**3 842 280**	**1 435 646**
61 902	789 109	181 789	187 689	150 161	221 746	205 171	152 504
2 074	61 170	8 595	21 566	10 083	21 428	1 631	14 003
17 452	65 948	31 351	62 577	57 752	57 025	87 807	27 726
12 556	92 151	16 520	34 700	131 476	85 637	8 069	29 577
7 049	11 716	3 185	3 809	3 058	7 296	516 606	2 725
16 563	119 775	29 143	59 156	25 970	41 400	224 800	26 869
3 116	7 364	1 608	1 524	5 688	21 406	317 054	2 716
11 387	38 673	10 263	5 966	17 477	8 035	1 463 368	7 568
81 723	673 764	153 185	168 524	173 737	248 512	78 862	176 397
84 927	609 512	197 170	205 710	142 915	312 351	52 231	188 832
113 853	388 266	110 807	124 179	140 761	161 516	113 778	102 934
27 806	134 310	32 010	58 742	73 743	62 912	30 412	24 805
22 601	333 789	41 933	32 081	20 868	32 653	12 554	34 031
5 781	55 799	12 234	24 094	18 769	23 879	16 860	13 330
15 799	170 104	50 231	77 620	51 885	78 662	73 535	48 611
28 784	68 326	32 358	30 387	48 718	49 432	42 750	26 964
13 516	229 351	108 764	147 575	113 381	183 216	11 608	80 025
35 232	125 760	23 838	49 316	34 082	48 053	4 987	19 324
130 521	651 946	120 147	140 467	129 307	130 290	68 729	151 006
51 601	112 932	49 991	56 718	91 429	55 797	3 526	46 496
8 330	30 553	9 270	8 359	8 292	15 484	227 557	8 609
39 928	218 709	63 292	73 298	87 602	177 102	12 749	65 304
42 294	146 381	34 714	93 042	42 517	53 627	8 899	38 899
7 865	31 869	9 357	16 156	13 254	8 432	2 897	8 566
387 526	131 311	53 471	88 022	139 750	94 789	14 028	57 186
5 320	35 332	13 680	11 400	12 306	20 895	9 694	6 581
20 585	231 349	88 490	91 032	82 170	83 101	33 933	63 355
754	8 002	1 654	1 703	2 922	2 694	206	2 189
592	6 427	2 774	2 469	1 979	4 010	290	1 897
221	1 638	490	553	486	1 398	158	482
3 108	25 965	6 880	8 788	10 197	7 412	197 531	6 135

5-4 2010~2011年主要城市接待
INTERNATIONAL TOURISTS TO

城市名称 NAME OF CITY		2011 年 总 计 TOTAL 2011	
	人 数 (人次) ARRIVALS	人天数 (人 天) NIGHTS	平均停留 (天) AVERAGE STAY
北 京 BEIJING	5 204 021	21 863 730	4.20
天 津 TIANJIN	730 615	8 550 738	11.70
石家庄 SHIJIAZHUANG	136 019	293 590	2.16
秦皇岛 QINHUANGDAO	264 372	996 968	3.77
承 德 CHENGDE	311 976	653 629	2.10
太 原 TAIYUAN	348 841	919 039	2.63
大 同 DATONG	234 861	486 613	2.07
呼和浩特 HOHHOT	102 343	410 575	4.01
沈 阳 SHENYANG	634 895	2 421 143	3.81
大 连 DALIAN	1 170 035	3 947 196	3.37
长 春 CHANGCHUN	301 639	925 271	3.07
吉 林 JILIN	76 412	139 005	1.82
延 边 YANBIAN	449 816	761 532	1.69
哈尔滨 HARBIN	277 215	769 020	2.77
上 海 SHANGHAI	6 686 144	22 848 116	3.42
南 京 NANJING	1 506 642	6 860 986	4.55
无 锡 WUXI	908 324	3 222 868	3.55
苏 州 SUZHOU	2 326 318	7 493 585	3.22
南 通 NANTONG	404 852	2 242 967	5.54
连云港 LIANYUNGANG	132 289	831 581	6.29
杭 州 HANGZHOU	3 063 140	9 071 404	2.96
宁 波 NINGBO	1 073 872	3 094 225	2.88
温 州 WENZHOU	470 504	1 289 715	2.74
合 肥 HEFEI	332 470	1 127 948	3.39
黄 山 HUANGSHAN	1 313 609	2 776 107	2.11
福 州 FUZHOU	761 665	4 843 504	6.36
厦 门 XIAMEN	1 799 205	6 611 444	3.67
泉 州 QUANZHOU	846 389	4 233 968	5.00
漳 州 ZHANGZHOU	293 728	1 001 538	3.41

入境过夜游客情况

MAJOR CITIES 2010—2011

2010 年 总 计 TOTAL 2010			2011 年比 2010 年增减 INCREASE		
人 数 (人次) ARRIVALS	人天数 (人天) NIGHTS	平均停留 (天) AVERAGE STAY	人 数 (%) ARRIVALS	人天数 (%) NIGHTS	平均停留 (天) AVERAGE STAY
4 900 661	20 505 230	4.18	6.19	6.63	0.02
598 963	6 805 128	11.36	21.98	25.65	0.34
117 328	234 961	2.00	15.93	24.95	0.16
242 337	798 654	3.30	9.09	24.83	0.48
257 913	517 934	2.01	20.96	26.20	0.09
283 194	769 378	2.72	23.18	19.45	-0.08
202 316	408 390	2.02	16.09	19.15	0.05
94 041	358 588	3.81	8.83	14.50	0.20
550 313	2 015 123	3.66	15.37	20.15	0.15
1 166 020	3 882 921	3.33	0.34	1.66	0.04
249 824	806 995	3.23	20.74	14.66	-0.16
63 594	110 042	1.73	20.16	26.32	0.09
375 815	593 743	1.58	19.69	28.26	0.11
263 609	504 040	1.91	5.16	52.57	0.86
7 337 216	25 778 245	3.51	-8.87	-11.37	-0.10
1 308 791	5 859 903	4.48	15.12	17.08	0.08
791 592	2 708 277	3.42	14.75	19.00	0.13
2 075 299	6 680 136	3.22	12.10	12.18	0.00
355 133	1 950 406	5.49	14.00	15.00	0.05
116 663	735 634	6.31	13.39	13.04	-0.02
2 757 147	8 099 781	2.94	11.10	12.00	0.02
951 680	2 781 981	2.92	12.84	11.22	-0.04
391 587	970 869	2.48	20.15	32.84	0.26
242 890	728 024	3.00	36.88	54.93	0.40
1 050 301	1 673 961	1.59	25.07	65.84	0.52
698 607	4 400 534	6.30	9.03	10.07	0.06
1 551 865	5 651 076	3.64	15.94	16.99	0.03
770 457	3 738 781	4.85	9.86	13.24	0.15
247 469	838 547	3.39	18.69	19.44	0.02

5 -4(续 1)

城市名称 NAME OF CITY		2011 年 总 计 TOTAL 2011		
		人 数 (人次) ARRIVALS	人天数 (人 天) NIGHTS	平均停留 (天) AVERAGE STAY
南　　昌	NANCHANG	143 573	223 039	1. 55
九　　江	JIUJIANG	276 593	545 995	1. 97
济　　南	JINAN	289 903	678 281	2. 34
青　　岛	QINGDAO	1 156 391	3 264 902	2. 82
烟　　台	YANTAI	548 533	2 224 929	4. 06
威　　海	WEIHAI	415 114	1 040 935	2. 51
郑　　州	ZHENGZHOU	383 969	856 787	2. 23
洛　　阳	LUOYANG	530 000	748 729	1. 41
武　　汉	WUHAN	1 159 135	2 994 673	2. 58
长　　沙	CHANGSHA	804 401	2 853 991	3. 55
广　　州	GUANGZHOU	7 786 900	20 077 900	2. 58
深　　圳	SHENZHEN	11 045 500	22 502 600	2. 04
珠　　海	ZHUHAI	3 208 300	6 838 800	2. 13
汕　　头	SHANTOU	140 700	265 600	1. 89
湛　　江	ZHANJIANG	142 300	332 500	2. 34
中　　山	ZHONGSHAN	608 000	1 766 300	2. 91
南　　宁	NANNING	236 144	436 992	1. 85
桂　　林	GUILIN	1 643 935	3 057 136	1. 86
北　　海	BEIHAI	83 073	141 457	1. 70
海　　口	HAIKOU	146 808	240 813	1. 64
三　　亚	SANYA	528 942	1 707 611	3. 23
重　　庆	CHONGQING	1 864 016	5 631 962	3. 02
成　　都	CHENGDU	1 216 436	2 486 909	2. 04
贵　　阳	GUIYANG	97 777	209 648	2. 14
昆　　明	KUNMING	1 004 040	1 558 428	1. 55
拉　　萨	LHASA	195 639	502 792	2. 57
西　　安	XI'AN	1 002 326	2 870 909	2. 86
兰　　州	LANZHOU	12 245	18 082	1. 48
西　　宁	XINING	36 008	129 537	3. 60
银　　川	YINCHUAN	14 413	30 647	2. 13
乌鲁木齐	URUMQI	291 947	885 500	3. 03

2010 年 总 计 TOTAL 2010			2011 年比 2010 年增减 INCREASE		
人 数 (人次) ARRIVALS	人天数 (人天) NIGHTS	平均停留 (天) AVERAGE STAY	人 数 (%) ARRIVALS (%)	人天数 (%) NIGHTS (%)	平均停留 (天) AVERAGE STAY
120 524	217 805	1.81	19.12	2.40	-0.25
250 467	538 602	2.15	10.43	1.37	-0.18
230 985	534 367	2.31	25.51	26.93	0.03
1 080 511	3 032 745	2.81	7.02	7.66	0.02
472 023	1 932 084	4.09	16.21	15.16	-0.04
372 646	920 389	2.47	11.40	13.10	0.04
349 049	871 715	2.50	10.00	-1.71	-0.27
457 908	854 889	1.87	15.74	-12.42	-0.45
927 903	2 532 808	2.73	24.92	18.24	-0.15
702 171	2 272 870	3.24	14.56	25.57	0.31
8 147 900	18 580 000	2.28	-4.43	8.06	0.30
10 206 000	21 076 800	2.07	8.23	6.76	-0.03
3 251 400	8 107 500	2.49	-1.33	-15.65	-0.36
133 800	289 700	2.17	5.16	-8.32	-0.28
103 200	264 200	2.56	37.89	25.85	-0.22
480 600	1 883 400	3.92	26.51	-6.22	-1.01
167 527	301 327	1.80	40.96	45.02	0.05
1 486 202	2 720 246	1.83	10.61	12.38	0.03
73 008	112 982	1.55	13.79	25.20	0.16
132 877	225 828	1.70	10.48	6.64	-0.06
415 939	1 355 351	3.26	27.17	25.99	-0.03
1 370 231	4 182 290	3.05	36.04	34.66	-0.03
731 993	1 492 875	2.04	66.18	66.59	0.00
61 002	146 136	2.40	60.28	43.46	-0.25
860 632	1 303 599	1.51	16.66	19.55	0.04
164 403	420 863	2.56	19.00	19.47	0.01
841 819	2 416 652	2.87	19.07	18.80	-0.01
20 118	28 346	1.41	-39.13	-36.21	0.07
31 858	93 726	2.94	13.03	38.21	0.66
14 460	32 671	2.26	-0.33	-6.20	-0.13
303 460	648 148	2.14	-3.79	36.62	0.90

5-5 2011年主要城市接待

BREAKDOWN OF INTERNATIONAL

城市名称 NAME OF CITY		外国人 FOREIGNERS			香港 HONG
		人数（人次）ARRIVALS	人天数（人天）NIGHTS	平均停留（天）AVERAGE STAY	人数（人次）ARRIVALS
北　　京	BEIJING	4 474 101	19 318 410	4.32	434 223
天　　津	TIANJIN	635 795	7 076 899	11.13	44 092
石家庄	SHIJIAZHUANG	106 794	207 387	1.94	14 157
秦皇岛	QINHUANGDAO	248 499	945 509	3.80	7 138
承　　德	CHENGDE	260 907	515 551	1.98	11 549
太　　原	TAIYUAN	244 623	588 735	2.41	60 280
大　　同	DATONG	189 848	393 362	2.07	17 801
呼和浩特	HOHHOT	84 645	338 580	4.00	8 451
沈　　阳	SHENYANG	528 878	2 084 041	3.94	46 578
大　　连	DALIAN	1 038 050	3 514 077	3.39	60 305
长　　春	CHANGCHUN	248 034	772 035	3.11	27 619
吉　　林	JILIN	40 312	70 258	1.74	20 780
延　　边	YANBIAN	429 323	719 215	1.68	7 219
哈尔滨	HARBIN	235 861	660 411	2.80	21 388
上　　海	SHANGHAI	5 549 900	18 880 759	3.40	479 536
南　　京	NANJING	999 239	4 635 911	4.64	197 387
无　　锡	WUXI	662 611	2 522 863	3.81	109 076
苏　　州	SUZHOU	1 670 290	5 022 743	3.01	151 130
南　　通	NANTONG	359 306	1 955 191	5.44	17 143
连云港	LIANYUNGANG	107 583	659 916	6.13	8 044
杭　　州	HANGZHOU	2 108 263	6 069 395	2.88	563 844
宁　　波	NINGBO	608 675	1 859 894	3.06	170 676
温　　州	WENZHOU	372 442	1 069 890	2.87	40 041
合　　肥	HEFEI	247 216	838 663	3.39	36 507
黄　　山	HUANGSHAN	763 107	1 695 201	2.22	193 303
福　　州	FUZHOU	428 372	3 341 677	7.80	92 089
厦　　门	XIAMEN	618 108	3 019 722	4.89	166 273
泉　　州	QUANZHOU	125 894	760 896	6.04	476 818
漳　　州	ZHANGZHOU	67 320	275 367	4.09	88 133

入境过夜游客构成

TOURISTS TO MAJOR CITIES 2011

同胞 KONG COMPATRIOTS		澳门同胞 MACAO COMPATRIOTS			台湾同胞 TAIWAN COMPATRIOTS		
人天数 (人天) NIGHTS	平均停留 (天) AVERAGE STAY	人 数 (人次) ARRIVALS	人天数 (人天) NIGHTS	平均停留 (天) AVERAGE STAY	人 数 (人次) ARRIVALS	人天数 (人天) NIGHTS	平均停留 (天) AVERAGE STAY
1 581 601	3. 64	12 946	48 173	3. 72	282 751	915 546	3. 24
715 888	16. 24	2 439	46 484	19. 06	48 289	711 467	14. 73
26 779	1. 89	1 596	7 139	4. 47	13 472	52 285	3. 88
23 056	3. 23	659	2 155	3. 27	8 076	26 248	3. 25
22 082	1. 91	3 184	8 754	2. 75	36 336	107 242	2. 95
203 958	3. 38	6 934	17 702	2. 55	37 004	108 644	2. 94
36 987	2. 08	5 066	10 463	2. 07	22 146	45 801	2. 07
32 114	3. 80	594	2 673	4. 50	8 653	37 208	4. 30
168 970	3. 63	2 898	9 458	3. 26	56 541	158 674	2. 81
197 375	3. 27	1 737	6 248	3. 60	69 943	229 496	3. 28
76 968	2. 79	1 190	4 562	3. 83	24 796	71 706	2. 89
39 599	1. 91	3 200	5 100	1. 59	12 120	24 048	1. 98
15 512	2. 15	3 637	7 676	2. 11	9 637	19 129	1. 98
70 580	3. 30	932	1 864	2. 00	19 034	36 165	1. 90
1 511 649	3. 15	24 244	84 840	3. 50	632 464	2 370 868	3. 75
796 009	4. 03	12 605	34 878	2. 77	297 411	1 394 188	4. 69
279 505	2. 56	3 941	7 919	2. 01	132 696	412 581	3. 11
818 946	5. 42	9 291	22 068	2. 38	495 607	1 629 828	3. 29
107 631	6. 28	1 969	9 403	4. 78	26 434	170 742	6. 46
54 219	6. 74	3 728	8 999	2. 41	12 934	108 447	8. 38
1 935 017	3. 43	30 742	93 307	3. 04	360 291	973 685	2. 70
454 521	2. 66	54 717	166 874	3. 05	239 804	612 936	2. 56
95 500	2. 39	13 621	21 390	1. 57	44 400	102 935	2. 32
127 385	3. 49	14 310	42 790	2. 99	34 437	119 110	3. 46
385 987	2. 00	15 588	29 263	1. 88	341 611	665 656	1. 95
632 660	6. 87	6 437	49 856	7. 75	234 767	819 311	3. 49
723 534	4. 35	6 234	27 668	4. 44	1 008 590	2 840 520	2. 82
2 492 163	5. 23	46 200	212 320	4. 60	197 477	768 589	3. 89
325 382	3. 69	8 737	25 465	2. 91	129 538	375 324	2. 90

5－5(续1)

城市名称 NAME OF CITY		外国人 FOREIGNERS			香港 HONG
		人 数 (人次) ARRIVALS	人天数 (人 天) NIGHTS	平均停留 (天) AVERAGE STAY	人 数 (人次) ARRIVALS
南　　昌	NANCHANG	69 866	126 457	1.81	43 071
九　　江	JIUJIANG	96 808	193 616	2.00	69 148
济　　南	JINAN	193 737	446 416	2.30	55 107
青　　岛	QINGDAO	807 448	2 120 265	2.63	173 594
烟　　台	YANTAI	444 674	1 957 041	4.40	29 136
威　　海	WEIHAI	388 471	966 661	2.49	3 074
郑　　州	ZHENGZHOU	213 925	535 878	2.50	70 894
洛　　阳	LUOYANG	399 960	545 027	1.36	48 600
武　　汉	WUHAN	886 986	2 286 309	2.58	129 854
长　　沙	CHANGSHA	549 439	1 984 444	3.61	50 871
广　　州	GUANGZHOU	2 762 800	8 001 500	2.90	4 026 900
深　　圳	SHENZHEN	1 712 000	3 682 500	2.15	8 818 300
珠　　海	ZHUHAI	581 600	1 335 800	2.30	1 216 300
汕　　头	SHANTOU	87 300	168 400	1.93	43 600
湛　　江	ZHANJIANG	66 700	166 500	2.50	60 300
中　　山	ZHONGSHAN	114 500	464 800	4.06	337 900
南　　宁	NANNING	161 735	293 542	1.81	14 080
桂　　林	GUILIN	1 037 220	2 001 413	1.93	201 110
北　　海	BEIHAI	41 703	74 410	1.78	28 917
海　　口	HAIKOU	76 708	138 104	1.80	28 485
三　　亚	SANYA	421 201	1 489 470	3.54	75 266
重　　庆	CHONGQING	1 326 135	4 133 384	3.12	283 794
成　　都	CHENGDU	895 376	1 858 111	2.08	153 700
贵　　阳	GUIYANG	51 469	109 456	2.13	21 209
昆　　明	KUNMING	772 024	1 209 236	1.57	76 684
拉　　萨	LHASA	179 787	466 168	2.59	5 270
西　　安	XI'AN	886 276	2 547 842	2.87	54 264
兰　　州	LANZHOU	7 885	12 106	1.54	1 581
西　　宁	XINING	29 453	111 921	3.80	433
银　　川	YINCHUAN	10 837	24 374	2.25	1 455
乌鲁木齐	URUMQI	259 432	811 605	3.13	9 789

同胞 KONG COMPATRIOTS		澳门同胞 MACAO COMPATRIOTS			台湾同胞 TAIWAN COMPATRIOTS		
人天数 (人天) NIGHTS	平均停留 (天) AVERAGE STAY	人　数 (人次) ARRIVALS	人天数 (人天) NIGHTS	平均停留 (天) AVERAGE STAY	人　数 (人次) ARRIVALS	人天数 (人天) NIGHTS	平均停留 (天) AVERAGE STAY
60 299	1.40	12 921	16 797	1.30	17 715	19 486	1.10
138 296	2.00	60 850	109 530	1.80	49 787	104 553	2.10
136 803	2.48	1 113	2 260	2.03	39 946	92 802	2.32
601 368	3.46	39 001	123 561	3.17	136 348	419 708	3.08
69 842	2.40	16 096	37 758	2.35	58 627	160 288	2.73
6 848	2.23	802	1 826	2.28	22 767	65 600	2.88
122 079	1.72	22 675	39 618	1.75	76 475	159 212	2.08
71 687	1.48	4 210	6 242	1.48	77 230	125 773	1.63
335 078	2.58	1 925	2 934	1.52	140 370	370 352	2.64
173 298	3.41	35 769	115 750	3.24	168 322	580 499	3.45
9 532 300	2.37	462 100	1 033 700	2.24	535 100	1 510 400	2.82
17 547 600	1.99	50 400	93 600	1.86	464 800	1 178 900	2.54
2 340 600	1.92	717 600	1 704 900	2.38	692 800	1 457 500	2.10
78 400	1.80	700	1 500	2.14	9 100	17 300	1.90
130 900	2.17	4 700	10 900	2.32	10 600	24 200	2.28
845 500	2.50	101 900	258 400	2.54	53 700	197 600	3.68
25 187	1.79	1 402	2 360	1.68	58 927	115 903	1.97
364 865	1.81	7 466	14 722	1.97	398 139	676 136	1.70
45 517	1.57	3 833	6 292	1.64	8 620	15 238	1.77
44 847	1.57	1 137	1 742	1.53	40 478	56 120	1.39
154 442	2.05	4 614	9 383	2.03	27 861	54 316	1.95
806 544	2.84	8 572	23 204	2.71	245 515	668 830	2.72
307 376	2.00	17 815	41 765	2.34	149 545	279 657	1.87
47 598	2.24	3 618	3 065	0.85	21 481	49 529	2.31
116 907	1.52	2 661	4 007	1.51	152 671	228 278	1.50
11 583	2.20	2 934	5 736	1.96	7 648	19 305	2.52
149 583	2.76	3 589	10 436	2.91	58 197	163 048	2.80
2 048	1.30	458	585	1.28	2 321	3 343	1.44
1 039	2.40	471	1 884	4.00	5 651	14 693	2.60
2 714	1.87	115	242	2.10	2 006	3 317	1.65
14 140	1.44	1 673	2 729	1.63	21 053	57 026	2.71

5－6　2011年主要城市接待
FOREIGN TOURISTS BY MAJOR

城市名称 NAME OF CITY		合　计 TOTAL	#日　本 JAPAN	#韩　国 KOREA	#马来西亚 MALA-YSIA	#菲律宾 PHILIP-PINES	#新加坡 SINGA-PORE
北　京	BEIJING	4 474 101	510 167	533 701	138 513	33 717	143 533
天　津	TIANJIN	635 795	188 190	140 474	12 856	3 109	19 252
石家庄	SHIJIAZHUANG	106 794	15 256	6 573	2 728	549	1 672
秦皇岛	QINHUANGDAO	248 499	29 000	37 572	6 203	4 438	5 848
承　德	CHENGDE	260 907	7 782	14 514	34 324	4 456	23 709
太　原	TAIYUAN	244 623	21 714	33 980	25 872	1 478	22 661
大　同	DATONG	189 848	35 813	29 781	3 298	128	6 231
呼和浩特	HOHHOT	84 645	7 180	6 674	1 705	122	665
沈　阳	SHENYANG	528 878	107 636	351 142	1 907	371	2 768
大　连	DALIAN	1 038 050	514 775	210 987	14 895	9 599	20 995
长　春	CHANGCHUN	248 034	49 668	108 422	3 454	206	5 673
吉　林	JILIN	40 312	3 651	8 912	1 682	128	1 446
延　边	YANBIAN	429 323	17 935	192 656	126	196	1 468
哈尔滨	HARBIN	235 861	51 227	14 471	7 367	1 795	10 554
上　海	SHANGHAI	5 549 900	1 212 251	619 148	164 069	157 188	186 926
南　京	NANJING	999 239	132 067	99 024	79 016	4 421	61 587
无　锡	WUXI	662 611	206 426	68 332	59 493	5 942	24 982
苏　州	SUZHOU	1 670 290	472 896	266 031	64 404	10 057	71 166
南　通	NANTONG	359 306	185 756	26 531	4 004	5 747	11 149
连云港	LIANYUNGANG	107 583	10 414	26 544	1 726	1 554	3 839
杭　州	HANGZHOU	2 108 263	321 892	507 422	99 259	11 701	74 063
宁　波	NINGBO	608 675	99 371	55 243	15 383	9 199	18 965
温　州	WENZHOU	372 442	19 384	4 741	1 977	11 665	660
合　肥	HEFEI	247 216	60 756	44 213	4 590	3 343	12 910
黄　山	HUANGSHAN	763 107	47 576	408 767	21 728	2 442	25 485
福　州	FUZHOU	428 372	41 020	13 143	14 698	7 285	21 678
厦　门	XIAMEN	618 108	129 414	39 769	75 940	23 879	73 854
泉　州	QUANZHOU	125 894	6 640	9 796	13 978	11 063	11 926
漳　州	ZHANGZHOU	67 320	8 812	2 804	12 039	765	10 597

外国过夜游客人数(按国籍分)

CITIES & NATIONALITY 2011

单　位：人次
UNIT：ARRIVALS

#泰　国 THAI-LAND	#美　国 U. S. A.	#加拿大 CANADA	#英　国 UNITED KINGDOM	#法　国 FRANCE	#德　国 GERMANY	#俄罗斯 RUSSIA	#澳大利亚 AUS-TRALIA
61 902	789 109	181 789	187 689	150 161	221 746	205 171	152 504
2 074	61 170	8 595	21 566	10 083	21 428	1 631	14 003
882	12 066	3 581	4 363	3 340	7 227	8 829	3 734
5 162	14 404	5 084	10 056	6 795	14 697	52 753	5 698
4 398	18 079	9 152	24 661	25 819	17 131	10 656	4 280
5 706	25 364	4 150	5 544	29 953	3 804	4 274	6 453
1 276	8 603	10 583	15 823	20 572	18 324	9 428	12 943
308	7 451	1 842	1 852	1 494	4 978	726	1 709
559	6 350	1 770	1 754	2 033	7 546	1 185	1 242
3 260	45 909	11 958	14 638	7 850	22 679	67 198	11 230
2 341	3 597	942	850	3 941	19 547	9 871	1 337
572	2 361	461	489	283	981	9 624	547
85	918	45	61	1 410	41	189 684	610
4 134	29 891	5 901	4 651	16 185	7 054	39 640	6 026
81 723	673 764	153 185	168 524	173 737	248 512	78 862	176 397
8 487	121 240	43 877	51 995	41 879	82 730	4 324	43 376
16 188	74 014	26 224	9 790	8 560	29 785	3 622	26 418
26 347	222 792	47 743	48 115	41 007	92 969	8 663	39 894
3 336	24 768	5 078	14 499	8 623	12 198	2 885	4 556
1 135	5 482	2 675	3 817	3 601	4 174	10 499	2 390
69 603	190 442	36 993	46 832	47 290	60 498	21 454	38 160
12 000	80 571	19 460	27 227	21 243	26 126	19 771	23 033
3 073	17 936	4 890	7 258	32 378	22 158	9 342	5 154
3 496	31 204	6 203	8 500	8 470	14 738	8 919	5 815
5 132	66 296	16 715	19 085	40 871	16 167	5 995	10 080
1 813	232 463	18 304	7 147	1 724	8 080	3 289	7 984
11 108	58 322	13 452	15 266	12 629	17 769	4 529	18 063
2 515	12 535	4 026	2 646	1 811	3 090	3 616	2 572
3 465	9 170	1 415	4 246	1 239	1 228	257	1 009

5-6(续1)

城市名称 NAME OF CITY		合计 TOTAL	#日本 JAPAN	#韩国 KOREA	#马来西亚 MALA-YSIA	#菲律宾 PHILIP-PINES	#新加坡 SINGA-PORE
南昌	NANCHANG	69 866	5 157	5 229	2 320	1 775	2 643
九江	JIUJIANG	96 808	7 116	8 488	2 886	2 193	3 857
济南	JINAN	193 737	32 472	31 796	9 773	2 461	12 319
青岛	QINGDAO	807 448	197 229	254 497	10 714	8 265	16 609
烟台	YANTAI	444 674	67 382	264 921	3 040	1 913	6 094
威海	WEIHAI	388 471	17 862	307 417	415	176	762
郑州	ZHENGZHOU	213 925	36 729	23 813	17 633	8 547	5 635
洛阳	LUOYANG	399 960	24 128	83 318	15 761	1 178	3 669
武汉	WUHAN	886 986	144 636	22 076	21 650	3 751	22 302
长沙	CHANGSHA	549 439	64 253	211 148	16 528	12 137	17 226
广州	GUANGZHOU	2 762 800	177 652	72 390	114 211	20 409	62 634
深圳	SHENZHEN	1 712 000	366 266	141 365	112 675	15 741	95 785
珠海	ZHUHAI	581 600	56 423	12 981	40 730	1 744	38 417
汕头	SHANTOU	87 300	5 437	2 686	6 346	252	9 207
湛江	ZHANJIANG	66 700	4 615	1 201	3 293	1 478	2 070
中山	ZHONGSHAN	114 500	16 310	3 631	5 198	3 020	4 792
南宁	NANNING	161 735	4 166	1 810	10 357	911	5 683
桂林	GUILIN	1 037 220	45 826	141 837	170 168	2 051	58 473
北海	BEIHAI	41 703	2 040	1 010	1 258	239	951
海口	HAIKOU	76 708	4 035	5 139	9 110	349	27 060
三亚	SANYA	421 201	16 292	20 039	6 725	3 252	10 209
重庆	CHONGQING	1 326 135	151 728	48 658	62 148	2 409	88 553
成都	CHENGDU	895 376	183 684	50 117	34 523	3 522	49 703
贵阳	GUIYANG	51 469	2 804	2 111	1 362	75	2 071
昆明	KUNMING	772 024	46 719	83 293	114 602	3 563	71 098
拉萨	LHASA	179 787	7 827	8 847	7 590	780	7 521
西安	XI'AN	886 276	61 844	54 543	12 563	2 587	12 759
兰州	LANZHOU	7 885	928	714	59	156	598
西宁	XINING	29 453	4 640	1 566	1 446	409	1 651
银川	YINCHUAN	10 837	2 267	615	497	152	304
乌鲁木齐	URUMQI	259 432	13 425	8 214	2 115	201	2 980

#泰　国 THAI-LAND	#美　国 U. S. A.	#加拿大 CANADA	#英　国 UNITED KINGDOM	#法　国 FRANCE	#德　国 GERMANY	#俄罗斯 RUSSIA	#澳大利亚 AUS-TRALIA
867	8 805	1 955	3 614	2 815	3 582	2 663	2 131
1 318	12 219	2 422	4 795	3 733	5 253	3 691	2 903
2 627	17 854	4 981	8 278	5 402	12 385	4 707	7 523
3 070	38 856	11 631	20 495	11 993	23 367	6 192	9 118
798	12 192	5 946	7 465	5 600	7 469	3 531	3 836
93	3 404	678	1 547	795	1 061	25 704	630
3 112	23 343	17 783	4 429	5 525	5 305	13 469	5 742
14 833	21 843	5 533	10 389	29 785	24 152	22 469	9 367
5 039	91 889	35 636	32 140	45 653	101 260	2 419	39 584
14 766	56 078	10 658	16 006	13 829	14 362	1 590	11 321
56 374	138 607	38 813	37 385	42 317	36 538	32 475	54 591
35 623	242 128	38 306	44 486	40 607	41 993	20 772	46 667
8 018	27 782	7 443	7 270	4 645	10 056	1 932	4 404
8 616	4 726	1 265	1 732	1 663	1 741	654	1 528
1 168	7 349	4 245	2 789	3 354	3 935	1 278	3 946
826	16 370	2 163	2 634	2 162	3 344	763	3 467
9 798	4 942	2 246	1 730	1 784	1 529	481	2 040
35 782	93 541	40 984	45 840	79 762	48 532	1 100	37 557
401	2 812	1 138	777	715	691	216	848
2 136	9 474	1 955	1 214	952	2 964	696	1 921
1 454	17 518	6 693	6 745	7 043	12 026	225 430	5 678
39 928	218 709	63 292	73 298	87 602	177 102	12 749	65 304
24 884	129 025	27 894	83 440	34 603	45 759	7 914	34 758
509	4 733	1 501	5 036	3 421	2 500	1 016	2 180
96 157	46 855	20 229	19 382	43 980	30 976	1 905	29 747
3 830	26 852	10 123	8 322	9 100	15 253	6 785	5 000
4 290	117 485	37 511	44 386	42 114	40 777	9 988	34 411
167	894	398	543	327	421	89	219
435	4 404	1 707	1 186	1 055	3 160	167	1 589
171	1 252	428	338	361	1 184	113	384
1 512	13 266	3 100	3 923	4 225	3 087	175 530	2 035

六、星级饭店基本情况

6. STATISTICS OF STAR-RATED HOTELS

6－1 2011年全国星级饭店

BREAKDOWN OF STAR-RATED HOTELS BY

饭店类型和星级 ECONOMIC TYPE & STAR-RATED		饭店数（家） NUMBER OF HOTELS	客房数（间） NUMBER OF ROOMS	床位数（张） NUMBER OF BEDS
一、饭店经济类型	ECONOMIC TYPE			
合计	**TOTAL**	**11 676**	**1 474 889**	**2 586 298**
内资企业	**DOMESTIC FUNDED**			
国有企业	STATE-OWNED ENTERPRISES	3 646	471 222	874 591
集体企业	COLLECTIVE-OWNED ENTERPRISES	475	48 173	88 540
股份合作企业	COOPERATIVE ENTERPRISES	250	28 874	51 448
国有联营	STATE JOINT OWNERSHIP ENTERPRISES	10	943	1 673
集体联营	COLLECTIVE JOINT OWNERSHIP ENTERPRISES	20	1 828	3 376
国有与集体联营	JOINT STATE-COLLECTIVE ENTERPRISES	10	1 095	2 022
其他联营	OTHER JOINT OWNERSHIP ENTERPRISES	6	468	773
国有独资公司	STATE SOLE FUNDED CORPORATIONS	373	55 596	89 401
其他有限责任公司	OTHER LIMITED LIABILITY CORPORATIONS	1 289	189 366	318 633
股份有限公司	SHARE-HOLDING CORPORATIONS LIMITED	602	80 753	139 512
私营独资	PRIVATE ENTERPRISES	1 623	132 994	236 673
私营合伙	PRIVATE-FUNDED ENTERPRISES	349	34 905	59 008
私营有限责任公司	PRIVATE PARTNERSHIP ENTERPRISES	1 637	195 730	342 681
私营股份有限公司	PRIVATE SHARE-HOLDING CORPORATIONS LTD.	203	24 714	44 241
其他	OTHER ENTERPRISES	691	85 078	144 985
港澳台商投资	**ENTERPRISES WITH FUNDS FROM HONG KONG, MACAO AND TAIWAN**			
与港澳台商合资经营	JOINT-VENTURES ENTERPRISES	133	37 307	55 580
与港澳台商合作经营	COOPERATIVE ENTERPRISES	32	8 523	12 920
港澳台商独资	ENTERPRISE WITH SOLE INVESTMENT	78	18 411	29 152
港澳台商投资股份有限公司	SHARE-HOLDING CORPORATIONS LTD.	23	4 948	8 155
外商投资	**FOREIGN FUNDED ENTERPRISES**			
中外合资经营	JOINT-VENTURE ENTERPRISES	108	25 353	39 150
中外合作经营	COOPERATION ENTERPRISES	29	8 005	11 971
外资企业	ENTERPRISE WITH SOLE FUNDS	71	16 837	25 624
外商投资股份有限公司	SHARE-HOLDING CORPORATIONS LTD.	18	3 766	6 189
二、饭店星级	STAR-RATED HOTEL			
合计	**TOTAL**	**11 676**	**1 474 889**	**2 586 298**
五星级	5 - STAR	615	217 563	323 759
四星级	4 - STAR	2 148	424 643	734 768
三星级	3 - STAR	5 473	610 598	1 110 285
二星级	2 - STAR	3 276	214 368	402 683
一星级	1 - STAR	164	7 717	14 803

基本情况(按经济类型和星级分)

ECONOMIC TYPE,STAR-RATED & FINANCE 2011

客房出租率(%) ROOM OCCUPANCY (%)	营业收入 (千元) TOTAL REVENUE (1000 RMB ¥)	营业税金 (千元) TAX (1000 RMB ¥)	固定资产 (千元) FIXED ASSETS (1000 RMB ¥)
61.07	**231 482 444.40**	**14 783 958.90**	**458 712 646.51**
60.86	71 309 359.71	3 915 643.51	168 389 666.24
57.66	5 775 546.86	336 595.39	11 684 347.62
61.88	3 954 880.19	224 948.44	6 866 784.29
53.98	99 772.82	5 677.89	374 965.19
58.30	129 477.34	6 557.65	288 616.70
53.30	125 457.97	7 113.13	392 636.24
61.03	61 712.00	3 468.00	255 458.00
62.27	11 430 218.10	657 042.58	19 018 017.82
62.16	32 108 751.54	2 436 770.32	56 425 836.01
61.18	13 023 617.32	768 461.13	23 404 544.87
59.79	13 812 344.45	1 054 419.15	21 359 958.49
62.36	4 370 657.53	258 443.95	6 325 289.01
61.35	26 063 690.06	1 717 938.14	39 834 722.83
59.64	2 694 158.27	194 082.41	4 448 482.65
62.07	12 776 862.01	1 113 518.85	22 750 269.10
63.67	10 407 102.26	580 895.73	23 750 076.18
62.72	2 698 725.05	139 806.98	3 623 934.03
63.45	5 185 592.46	306 630.49	10 289 297.70
57.47	1 202 449.53	65 980.16	2 573 413.88
65.26	7 414 656.82	480 538.41	16 110 168.92
58.95	1 779 085.07	100 872.92	3 965 804.05
63.55	4 125 772.16	358 463.55	13 710 884.80
65.08	932 554.87	50 090.13	2 869 471.90
61.07	**231 482 444.40**	**14 783 958.90**	**458 712 646.51**
61.93	73 093 856.35	4 935 271.17	163 227 581.83
62.82	78 847 694.18	5 209 044.88	155 919 010.63
60.82	65 844 111.85	3 823 347.25	117 683 643.99
57.77	13 393 711.91	795 129.96	21 298 773.04
52.13	303 070.10	21 165.64	583 637.03

6－2　2011年全国星级饭店

BREAKDOWN OF STAR-RATED HOTELS, ROOMS,

地　区 LOCALITY	饭店数 (家) NUMBER OF HOTELS	客房数 (间) NUMBER OF ROOMS	床位数 (张) NUMBER OF BEDS
总　计　TOTAL	**11 676**	**1 474 889**	**2 586 298**
北　京　BEIJING	565	112 840	191 598
天　津　TIANJIN	100	16 850	27 462
河　北　HEBEI	395	49 805	91 516
山　西　SHANXI	301	32 512	58 280
内蒙古　INNER MONGOLIA	227	23 577	42 182
辽　宁　LIAONING	409	53 050	89 647
吉　林　JILIN	198	19 505	44 456
黑龙江　HEILONGJIANG	244	23 750	68 901
上　海　SHANGHAI	277	59 878	91 966
江　苏　JIANGSU	723	90 785	150 568
浙　江　ZHEJIANG	844	110 625	187 945
安　徽　ANHUI	390	43 479	79 684
福　建　FUJIAN	377	52 008	85 841
江　西　JIANGXI	336	38 836	69 839
山　东　SHANDONG	869	100 593	176 268
河　南　HENAN	343	41 752	75 921
湖　北　HUBEI	410	42 477	72 812
湖　南　HUNAN	454	54 756	96 624
广　东　GUANGDONG	959	140 252	228 244
广　西　GUANGXI	317	40 763	72 208
海　南　HAINAN	153	27 551	48 258
重　庆　CHONGQING	239	30 420	50 500
四　川　SICHUAN	420	50 859	87 900
贵　州　GUIZHOU	289	23 703	41 317
云　南　YUNNAN	563	52 194	95 459
西　藏　TIBET	85	7 747	14 576
陕　西　SHAANXI	302	40 390	73 373
甘　肃　GANSU	296	27 848	51 886
青　海　QINGHAI	96	10 308	19 339
宁　夏　NINGXIA	66	7 592	13 111
新　疆　XINJIANG	429	48 184	88 617

基本情况(按地区分)

OCCUPANCIES & FINANCE BY LOCALITY 2011

客房出租率(%) ROOM OCCUPANCY (%)	营业收入 (千元) TOTAL REVENUE (1000 RMB ¥)	营业税金 (千元) TAX (1000 RMB ¥)	固定资产 (千元) FIXED ASSETS (1000 RMB ¥)
61.07	**231 482 444.40**	**14 783 958.90**	**458 712 646.51**
62.04	26 293 860.00	1 417 380.00	59 680 183.00
50.36	2 603 953.75	145 897.33	4 246 342.95
54.58	7 012 364.76	774 056.15	15 685 902.19
63.14	4 914 892.95	273 102.39	9 454 176.94
56.00	3 058 669.68	160 095.57	6 189 647.99
59.10	7 289 909.11	396 072.11	19 347 510.90
52.31	2 795 100.18	150 959.59	7 326 289.57
51.45	2 224 329.02	115 163.28	5 840 227.83
55.62	16 539 991.20	900 219.60	36 839 091.31
61.65	17 948 586.90	971 598.30	29 247 646.40
61.62	22 327 385.17	1 219 017.64	31 240 447.17
58.29	5 266 576.72	326 952.39	10 461 968.26
62.88	8 844 614.87	520 310.60	12 561 258.13
59.14	3 244 558.21	171 516.43	6 155 661.02
67.09	16 341 947.89	838 209.77	32 694 049.09
60.98	4 568 211.95	250 251.87	8 346 452.55
59.51	4 880 749.89	268 532.05	9 808 850.70
75.15	7 685 836.07	384 184.22	14 731 312.43
59.22	26 199 451.65	3 156 174.58	45 924 441.51
62.95	4 353 547.23	243 933.58	8 715 246.62
64.95	3 818 412.43	208 617.16	9 654 377.81
60.03	4 687 374.85	253 553.31	8 960 044.81
66.07	7 720 883.87	436 208.86	16 336 773.05
65.67	2 144 063.99	145 635.12	3 509 148.53
59.28	4 024 612.56	264 525.21	12 142 769.27
50.28	413 908.93	22 623.04	2 079 169.64
64.75	5 402 283.49	293 511.37	10 437 001.09
57.16	2 307 217.95	117 037.56	5 195 858.98
50.69	777 041.64	41 963.11	1 853 909.67
55.16	943 259.14	45 581.65	2 658 626.16
62.35	4 848 848.36	271 075.05	11 388 260.94

6－3　2011年全国各地区

NUMBER OF STAR-RATED HOTELS

地　区 LOCALITY		国有企业 STATE-OWNED ENTERPRISES	集体企业 COLLECTIVE-OWNED ENTERPRISES	股份合作企业 COOPERATIVE ENTERPRISES	国有联营 STATE JOINT OWNERSHIP ENTERPRISES	集体联营 COLLECTIVE JOINT OWNERSHIP ENTERPRISES
总　计	**TOTAL**	**3 646**	**475**	**250**	**10**	**20**
北　京	BEIJING	174	38	17	0	0
天　津	TIANJIN	35	5	1	0	0
河　北	HEBEI	170	24	5	1	0
山　西	SHANXI	116	9	13	0	0
内蒙古	INNER MONGOLIA	62	10	1	0	0
辽　宁	LIAONING	143	17	5	0	2
吉　林	JILIN	74	17	3	0	1
黑龙江	HEILONGJIANG	107	4	10	1	0
上　海	SHANGHAI	109	18	0	0	0
江　苏	JIANGSU	132	32	12	0	0
浙　江	ZHEJIANG	120	46	27	0	3
安　徽	ANHUI	123	12	13	0	0
福　建	FUJIAN	120	11	6	0	0
江　西	JIANGXI	128	3	7	0	0
山　东	SHANDONG	309	46	22	0	4
河　南	HENAN	125	27	12	1	1
湖　北	HUBEI	148	15	9	1	0
湖　南	HUNAN	125	7	13	0	0
广　东	GUANGDONG	131	30	9	3	1
广　西	GUANGXI	94	10	5	1	0
海　南	HAINAN	47	2	6	1	2
重　庆	CHONGQING	62	10	3	0	0
四　川	SICHUAN	263	4	25	0	0
贵　州	GUIZHOU	98	3	3	1	0
云　南	YUNNAN	149	25	7	0	5
西　藏	TIBET	24	14	1	0	0
陕　西	SHAANXI	128	10	3	0	0
甘　肃	GANSU	117	16	4	0	0
青　海	QINGHAI	29	4	2	0	0
宁　夏	NINGXIA	18	0	0	0	0
新　疆	XINJIANG	166	6	6	0	1

星级饭店数（按经济类型分）

BY ECONOMIC TYPE 2011

单　位：家
UNIT：NUMBER

国有与集体联营 JOINT STATE-COLLECTIVE ENTERPRISES	其他联营 OTHER JOINT OWNERSHIP ENTERPRISES	国有独资公司 STATE SOLE FUNDED CORPORATIONS	其他有限责任公司 OTHER LIMITED LIABILITY CORPORATIONS	股份有限公司 SHARE-HOLDING CORPORATIONS LIMITED	私营独资 PRIVATE ENTERPRISES	私营合伙 PRIVATE-FUNDED ENTERPRISES
10	**6**	**373**	**1 289**	**602**	**1 623**	**349**
1	0	14	164	14	13	7
0	0	0	38	4	0	0
1	0	0	42	15	41	3
0	0	0	25	29	40	4
0	0	1	33	10	46	4
1	1	1	35	12	49	3
0	1	0	8	5	30	0
0	0	0	17	16	46	1
2	0	31	58	18	0	0
0	0	292	11	46	153	0
1	0	3	61	73	70	110
0	0	0	38	28	59	7
0	1	1	26	10	28	25
0	0	0	25	24	41	12
1	1	0	90	66	82	7
0	0	1	36	25	37	3
0	1	1	34	18	50	18
0	0	0	18	22	124	25
0	0	23	246	42	95	44
0	0	0	20	14	64	18
0	0	0	30	3	11	0
0	0	0	26	13	38	10
0	0	0	33	10	38	2
0	0	0	19	10	77	10
0	1	2	30	25	184	8
0	0	0	6	3	10	10
0	0	1	50	15	19	5
3	0	0	17	18	56	1
0	0	0	13	3	26	2
0	0	1	10	2	9	0
0	0	1	30	9	87	10

6－3(续1)

地　区 LOCALITY		私营有限责任公司 PRIVATE PARTNERSHIP ENTERPRISES	私营股份有限公司 PRIVATE SHARE-HOLDING CORPORATIONS LTD.	其他 OTHER ENTERPRISES	与港澳台商合资经营 JOINT-VENTURES ENTERPRISES	与港澳台商合作经营 COOPERATIVE ENTERPRISES
总　计	**TOTAL**	**1 637**	**203**	**691**	**133**	**32**
北　京	BEIJING	68	5	1	30	2
天　津	TIANJIN	0	0	16	0	0
河　北	HEBEI	53	6	27	3	0
山　西	SHANXI	45	4	13	2	0
内蒙古	INNER MONGOLIA	38	3	17	0	0
辽　宁	LIAONING	58	4	33	9	3
吉　林	JILIN	34	4	18	1	0
黑龙江	HEILONGJIANG	27	3	9	1	0
上　海	SHANGHAI	0	0	24	13	1
江　苏	JIANGSU	0	0	13	5	1
浙　江	ZHEJIANG	253	18	31	2	0
安　徽	ANHUI	67	6	27	3	0
福　建	FUJIAN	73	11	19	7	0
江　西	JIANGXI	51	17	18	1	0
山　东	SHANDONG	136	15	65	7	0
河　南	HENAN	40	7	20	3	0
湖　北	HUBEI	63	8	29	3	2
湖　南	HUNAN	65	23	17	6	0
广　东	GUANGDONG	104	18	110	17	21
广　西	GUANGXI	65	2	12	3	0
海　南	HAINAN	18	1	16	6	1
重　庆	CHONGQING	47	6	18	3	0
四　川	SICHUAN	41	2	1	1	0
贵　州	GUIZHOU	43	7	16	1	0
云　南	YUNNAN	65	10	38	2	0
西　藏	TIBET	10	1	4	0	0
陕　西	SHAANXI	32	5	24	1	1
甘　肃	GANSU	42	10	10	0	0
青　海	QINGHAI	10	0	6	1	0
宁　夏	NINGXIA	20	1	4	0	0
新　疆	XINJIANG	69	6	35	2	0

港澳台商独资 ENTERPRISE WITH SOLE INVESTMENT	港澳台商投资股份有限公司 SHARE-HOLDING CORPORATIONS LTD.	中外合资经营 JOINT-VENTURE ENTERPRISES	中外合作经营 COOPERATION ENTERPRISES	外资企业 ENTERPRISE WITH SOLE FUNDS	外商投资股份有限公司 SHARE-HOLDING CORPORATIONS LTD.
78	**23**	**108**	**29**	**71**	**18**
2	0	13	2	0	0
0	0	0	0	1	0
0	0	2	0	1	1
1	0	0	0	0	0
1	0	0	0	0	1
5	1	15	1	8	3
0	0	0	0	2	0
1	0	0	0	1	0
3	0	0	0	0	0
5	0	12	2	6	1
3	11	4	1	1	6
2	1	1	0	3	0
12	0	12	4	10	1
2	0	3	0	4	0
3	0	11	0	3	1
0	0	3	2	0	0
4	0	3	0	3	0
3	2	0	0	4	0
21	7	13	12	10	2
5	0	1	2	1	0
2	1	4	0	2	0
0	0	0	0	2	1
0	0	0	0	0	0
0	0	1	0	0	0
1	0	4	0	6	1
0	0	1	0	1	0
1	0	3	3	1	0
1	0	1	0	0	0
0	0	0	0	0	0
0	0	0	0	1	0
0	0	1	0	0	0

6－4　2011 年全国各地区

NUMBER OF STAR-RATED

地　区 LOCALITY		星级饭店 合　计 TOTAL	五星级 5－STAR
总　计	**TOTAL**	**11 676**	**615**
北　京	BEIJING	565	59
天　津	TIANJIN	100	10
河　北	HEBEI	395	16
山　西	SHANXI	301	15
内蒙古	INNER MONGOLIA	227	8
辽　宁	LIAONING	409	17
吉　林	JILIN	198	7
黑龙江	HEILONGJIANG	244	5
上　海	SHANGHAI	277	44
江　苏	JIANGSU	723	61
浙　江	ZHEJIANG	844	53
安　徽	ANHUI	390	15
福　建	FUJIAN	377	24
江　西	JIANGXI	336	7
山　东	SHANDONG	869	29
河　南	HENAN	343	11
湖　北	HUBEI	410	15
湖　南	HUNAN	454	15
广　东	GUANGDONG	959	92
广　西	GUANGXI	317	13
海　南	HAINAN	153	18
重　庆	CHONGQING	239	18
四　川	SICHUAN	420	16
贵　州	GUIZHOU	289	3
云　南	YUNNAN	563	15
西　藏	TIBET	85	0
陕　西	SHAANXI	302	8
甘　肃	GANSU	296	3
青　海	QINGHAI	96	2
宁　夏	NINGXIA	66	1
新　疆	XINJIANG	429	15

星级饭店数（按星级分）

HOTELS BY STAR-RATED 2011

单　位：家
UNIT：NUMBER

四星级 4 - STAR	三星级 3 - STAR	二星级 2 - STAR	一星级 1 - STAR
2 148	**5 473**	**3 276**	**164**
120	202	168	16
30	46	13	1
107	187	82	3
57	130	99	0
18	76	117	8
68	212	108	4
40	84	66	1
45	121	68	5
62	111	58	2
186	321	155	0
170	346	258	17
88	162	123	2
110	184	58	1
73	187	68	1
152	484	203	1
49	173	106	4
64	181	144	6
47	212	170	10
170	567	126	4
45	169	90	0
44	74	13	4
54	118	48	1
82	176	139	7
37	127	111	11
55	162	306	25
10	31	38	6
39	173	82	0
41	136	105	11
11	45	36	2
16	44	5	0
58	232	113	11

6－5　2011 年全国星级

MAJOR STATISTICS IN

地方/项目 LOCALITY/ITEM	全员劳动生产率（千元/人） OLP(1000 RMB ¥/PER)	人均占用固定资产原价（千元/人） AF(1000 RMB ¥/PER)	百元固定资产创营业收入（元） REVEN/100F. A (RMB ¥)	平均客房出租率（%） AOR (%)
总　计　TOTAL	**150.18**	**424.39**	**48.79**	**61.07**
北　京　BEIJING	223.07	464.31	44.55	62.04
天　津　TIANJIN	135.83	404.48	88.52	50.36
河　北　HEBEI	112.12	362.29	44.70	54.58
山　西　SHANXI	97.06	377.00	51.99	63.14
内蒙古　INNER MONGOLIA	122.72	397.15	49.42	56.00
辽　宁　LIAONING	129.61	441.42	37.68	59.10
吉　林　JILIN	115.14	413.99	38.15	52.31
黑龙江　HEILONGJIANG	99.06	520.88	38.09	51.45
上　海　SHANGHAI	260.96	468.17	45.22	55.62
江　苏　JIANGSU	169.54	343.73	61.37	61.65
浙　江　ZHEJIANG	254.51	344.80	86.62	61.62
安　徽　ANHUI	122.38	401.53	50.34	58.29
福　建　FUJIAN	143.48	409.55	70.41	62.88
江　西　JIANGXI	99.78	503.53	52.71	59.14
山　东　SHANDONG	139.42	411.53	49.98	67.09
河　南　HENAN	96.91	406.86	54.73	60.98
湖　北　HUBEI	118.34	465.30	49.76	59.51
湖　南　HUNAN	127.69	414.03	52.17	75.15
广　东　GUANGDONG	158.97	413.70	57.05	59.22
广　西　GUANGXI	121.16	426.22	49.95	62.95
海　南　HAINAN	168.00	637.37	39.55	64.95
重　庆　CHONGQING	129.28	418.34	52.31	60.03
四　川　SICHUAN	143.03	456.77	44.58	66.07
贵　州　GUIZHOU	101.97	551.96	61.10	65.67
云　南　YUNNAN	99.57	547.54	33.14	59.28
西　藏　TIBET	87.75	595.53	19.91	50.28
陕　西　SHAANXI	118.01	450.88	51.76	64.75
甘　肃　GANSU	90.04	481.02	44.40	57.16
青　海　QINGHAI	107.25	527.89	41.91	50.69
宁　夏　NINGXIA	108.25	388.35	35.48	55.16
新　疆　XINJIANG	134.67	462.78	42.58	62.35

饭店主要经济指标

STAR-RATED HOTELS 2011

营业收入总额（千元）TOTAL REVENUE（1000RMB ¥）	营业收入构成（%）BREAKDOWN OF TOTAL REVENUE		
	客 房 ROOM	餐 饮 FOOD & BEVERAGE	其 他 OTHERS
231 482 444.40	**42.44**	**41.84**	**15.72**
26 293 860.00	46.43	21.37	32.20
2 603 953.75	40.45	42.88	16.67
7 012 364.76	36.23	52.60	11.17
4 914 892.95	37.70	51.31	10.99
3 058 669.68	39.71	51.54	8.75
7 289 909.11	44.14	43.55	12.31
2 795 100.18	41.40	51.70	6.90
2 224 329.02	52.09	39.07	8.84
16 539 991.20	46.82	39.32	13.86
17 948 586.90	34.37	55.76	9.87
22 327 385.17	34.48	45.02	20.50
5 266 576.72	40.15	50.33	9.52
8 844 614.87	40.96	49.78	9.26
3 244 558.21	50.35	41.86	7.79
16 341 947.89	41.15	50.58	8.27
4 568 211.95	40.69	50.12	9.19
4 880 749.89	46.53	42.19	11.28
7 685 836.07	41.40	45.28	13.32
26 199 451.65	41.37	33.98	24.65
4 353 547.23	42.62	44.37	13.01
3 818 412.43	63.74	28.02	8.24
4 687 374.85	41.83	45.81	12.36
7 720 883.87	45.68	40.46	13.86
2 144 063.99	55.20	36.58	8.22
4 024 612.56	54.75	33.63	11.62
413 908.93	59.55	24.52	15.93
5 402 283.49	45.09	45.84	9.07
2 307 217.95	48.10	41.91	9.99
777 041.64	52.79	34.37	12.84
943 259.14	38.84	51.89	9.27
4 848 848.36	46.28	44.23	9.49

七、旅行社基本情况

7. STATISTICS OF TRAVEL AGENCIES

7－1　2010～2011年全国旅行社单位数

NUMBER OF TRAVEL AGENCIES 2010—2011

单　位：家
UNIT：NUMBER

地　区 LOCALITY	旅行社总数 TOTAL TRAVEL AGENCIES	
	2010年 2010	2011年 2011
总　　计　TOTAL	**22 784**	**23 690**
北　　京　BEIJING	905	1 032
天　　津　TIANJIN	310	332
河　　北　HEBEI	1 148	1 156
山　　西　SHANXI	755	762
内 蒙 古　INNER MONGOLIA	677	696
辽　　宁　LIAONING	1 145	1 116
吉　　林　JILIN	521	500
黑 龙 江　HEILONGJIANG	601	629
上　　海　SHANGHAI	867	1 010
江　　苏　JIANGSU	1 805	1 891
浙　　江　ZHEJIANG	1 639	1 760
安　　徽　ANHUI	904	969
福　　建　FUJIAN	718	702
江　　西　JIANGXI	699	709
山　　东　SHANDONG	1 842	1 865
河　　南　HENAN	1 096	1 098
湖　　北　HUBEI	931	1 000
湖　　南　HUNAN	681	713
广　　东　GUANGDONG	1 247	1 376
广　　西　GUANGXI	428	459
海　　南　HAINAN	299	295
重　　庆　CHONGQING	379	375
四　　川　SICHUAN	730	629
贵　　州　GUIZHOU	261	253
云　　南　YUNNAN	531	587
西　　藏　TIBET	78	97
陕　　西　SHAANXI	596	607
甘　　肃　GANSU	352	381
青　　海　QINGHAI	197	209
宁　　夏　NINGXIA	86	107
新　　疆　XINJIANG	356	375

7-2 2011年旅行社外联、接待入境过夜游客情况

INTERNATIONAL TOURISTS LIAISED AND RECEIVED BY TRAVEL AGENCIES 2011

单 位：人、人天
UNIT：PERSON，NIGHT

地 区 LOCALITY		外 联 LIAISED		接 待 RECEIVED	
		人 数 PERSONS	人天数 NIGHTS	人 数 PERSONS	人天数 NIGHTS
总 计	**TOTAL**	**14 549 607**	**61 878 127**	**22 808 117**	**71 654 409**
北 京	BEIJING	1 458 086	8 932 855	1 739 487	10 046 720
天 津	TIANJIN	56 177	202 698	170 074	260 733
河 北	HEBEI	98 774	191 576	181 618	392 598
山 西	SHANXI	27 801	299 987	75 793	365 155
内蒙古	INNER MONGOLIA	318 101	605 704	340 566	735 563
辽 宁	LIAONING	1 671 214	7 364 083	1 669 661	7 103 868
吉 林	JILIN	99 959	604 471	254 907	863 209
黑龙江	HEILONGJIANG	371 155	1 373 879	555 281	1 453 691
上 海	SHANGHAI	584 932	3 368 520	802 769	2 734 658
江 苏	JIANGSU	361 465	1 378 147	1 961 983	2 902 610
浙 江	ZHEJIANG	1 041 887	3 952 685	1 255 012	2 407 372
安 徽	ANHUI	66 944	363 836	195 709	498 855
福 建	FUJIAN	644 418	3 225 629	670 637	1 792 800
江 西	JIANGXI	25 336	103 694	115 603	355 624
山 东	SHANDONG	1 255 255	6 251 843	1 597 661	6 658 540
河 南	HENAN	141 280	589 667	344 904	663 154
湖 北	HUBEI	134 716	448 027	1 315 096	2 259 993
湖 南	HUNAN	631 031	3 358 548	1 226 698	5 018 592
广 东	GUANGDONG	3 376 471	8 871 562	4 311 210	10 844 625
广 西	GUANGXI	240 530	800 154	450 638	1 334 382
海 南	HAINAN	142 420	635 276	267 698	929 721
重 庆	CHONGQING	455 108	2 381 500	912 040	2 891 635
四 川	SICHUAN	650 476	2 189 736	814 210	4 556 601
贵 州	GUIZHOU	13 734	55 971	40 450	125 831
云 南	YUNNAN	202 537	618 204	535 644	1 133 427
西 藏	TIBET	87 532	1 283 321	119 027	929 313
陕 西	SHAANXI	339 821	2 249 121	741 621	2 072 866
甘 肃	GANSU	18 942	64 468	52 188	88 647
青 海	QINGHAI	3 757	17 858	23 114	40 329
宁 夏	NINGXIA	39	75	14 250	48 438
新 疆	XINJIANG	29 709	95 032	52 568	144 859

7-3 2011年旅行社组团、接待国内过夜游客情况

DOMESTIC TOURISTS ORGANIZED AND RECEIVED BY TRAVEL AGENCIES 2011

单　位：人、人天
UNIT：PERSON，NIGHT

地区 LOCALITY		组团 ORGANIZED		接待 RECEIVED	
		人数 PERSONS	人天数 NIGHTS	人数 PERSONS	人天数 NIGHTS
总　计	**TOTAL**	**137 107 515**	**358 540 128**	**169 004 999**	**336 741 258**
北　京	BEIJING	4 111 854	13 858 030	3 651 130	12 955 206
天　津	TIANJIN	1 839 740	3 263 114	1 375 042	1 376 417
河　北	HEBEI	2 652 174	7 387 067	2 351 312	4 600 422
山　西	SHANXI	1 557 431	5 089 630	2 371 918	6 552 957
内蒙古	INNER MONGOLIA	610 541	3 406 215	728 419	2 410 370
辽　宁	LIAONING	3 817 197	15 802 969	3 719 553	11 396 552
吉　林	JILIN	693 243	2 280 560	596 893	1 445 065
黑龙江	HEILONGJIANG	592 172	2 900 382	900 612	3 053 870
上　海	SHANGHAI	11 095 172	27 630 549	8 135 369	16 217 363
江　苏	JIANGSU	11 939 293	26 699 676	20 225 633	23 305 284
浙　江	ZHEJIANG	15 529 163	32 475 650	12 897 476	20 233 154
安　徽	ANHUI	3 947 638	11 386 669	5 638 758	10 734 509
福　建	FUJIAN	3 870 588	11 969 845	6 710 921	14 724 988
江　西	JIANGXI	1 855 414	5 543 625	2 941 730	7 909 861
山　东	SHANDONG	8 255 863	31 075 350	8 364 073	22 572 930
河　南	HENAN	2 786 626	8 385 678	3 011 689	4 783 868
湖　北	HUBEI	5 631 413	16 651 828	6 462 893	10 333 692
湖　南	HUNAN	4 628 027	17 382 536	7 643 644	22 317 175
广　东	GUANGDONG	23 474 309	51 610 465	18 998 482	30 847 997
广　西	GUANGXI	1 625 324	6 481 891	4 131 739	12 148 642
海　南	HAINAN	796 460	3 131 512	3 509 837	11 605 047
重　庆	CHONGQING	4 122 094	11 915 839	4 265 800	8 279 088
四　川	SICHUAN	15 765 698	15 907 589	23 359 472	23 382 831
贵　州	GUIZHOU	575 003	2 305 237	706 810	2 114 483
云　南	YUNNAN	1 711 057	7 967 699	8 750 555	32 630 735
西　藏	TIBET	146 656	724 618	271 596	1 162 160
陕　西	SHAANXI	2 322 894	9 843 843	5 046 229	11 718 171
甘　肃	GANSU	527 465	2 032 485	510 168	1 070 871
青　海	QINGHAI	112 991	812 140	827 097	1 711 036
宁　夏	NINGXIA	197 636	1 077 855	401 830	1 207 844
新　疆	XINJIANG	316 379	1 539 582	498 319	1 938 670

7－4　2011年旅行社主要经济指标

MAJOR STATISTICS OF TRAVEL AGENCIES BY LOCALITY 2011

单　位：千元
UNIT：ONE THOUS. RMBY

地　区 LOCALITY		营业收入（千元）TOTAL REVENUE（1000 RMB￥）	营业税金及附加（千元）TAX（1000 RMB￥）	固定资产（千元）FIXED ASSETS（1000 RMB￥）
总　计	**TOTAL**	**287 176 672.18**	**1 306 162.49**	**81 794 029.98**
北　京	BEIJING	39 401 966.13	154 756.32	13 853 004.47
天　津	TIANJIN	2 430 623.88	26 048.00	1 232 445.40
河　北	HEBEI	3 087 622.94	14 581.06	1 124 798.05
山　西	SHANXI	2 612 729.67	9 094.55	1 076 613.32
内蒙古	INNER MONGOLIA	1 927 644.81	14 731.86	1 046 817.34
辽　宁	LIAONING	5 960 602.87	22 778.10	1 483 758.05
吉　林	JILIN	1 014 091.78	5 791.93	788 367.03
黑龙江	HEILONGJIANG	1 919 086.01	17 810.89	1 200 394.64
上　海	SHANGHAI	37 613 789.60	131 645.00	9 235 260.00
江　苏	JIANGSU	22 302 306.41	98 299.78	5 218 754.21
浙　江	ZHEJIANG	23 691 225.28	106 075.58	5 668 201.17
安　徽	ANHUI	5 366 163.10	38 090.15	1 585 870.69
福　建	FUJIAN	10 870 696.18	46 563.36	2 830 023.36
江　西	JIANGXI	4 273 049.36	24 439.60	1 076 214.14
山　东	SHANDONG	13 033 317.74	67 556.68	3 812 791.27
河　南	HENAN	3 272 609.90	24 704.08	1 625 906.60
湖　北	HUBEI	7 212 668.89	43 183.17	2 346 147.05
湖　南	HUNAN	12 964 595.72	59 025.59	1 588 585.35
广　东	GUANGDONG	44 902 757.55	241 169.58	10 842 960.03
广　西	GUANGXI	4 415 573.77	14 420.43	1 211 325.48
海　南	HAINAN	4 203 134.30	11 295.52	1 675 809.41
重　庆	CHONGQING	7 582 663.21	25 581.11	1 464 326.93
四　川	SICHUAN	6 921 893.51	32 094.57	1 743 438.60
贵　州	GUIZHOU	1 604 026.80	4 298.54	656 343.17
云　南	YUNNAN	9 305 205.25	30 550.04	2 398 822.83
西　藏	TIBET	392 991.54	3 170.26	693 318.16
陕　西	SHAANXI	4 781 992.71	14 843.58	1 267 423.41
甘　肃	GANSU	1 149 797.65	7 333.09	866 438.93
青　海	QINGHAI	451 660.45	3 263.06	552 687.84
宁　夏	NINGXIA	609 584.55	2 468.65	426 544.12
新　疆	XINJIANG	1 900 600.62	10 498.36	1 200 638.93

八、旅游景区基本情况

8. STATISTICS OF TOURIST ATTRACTIONS

8-1 2011年全国各地区旅游景区总数

NUMBER OF TOURIST ATTRACTIONS 2011

单 位：家
UNET：NUMBER

地 区	LOCALITY	旅游景区总数 NUMBER OF TOURIST ATTRACTIONS	AAAAA	AAAA	AAA	AA	A
总 计	**TOTAL**	**5 573**	**130**	**1 814**	**1 840**	**1 661**	**128**
北 京	BEIJING	213	6	65	80	46	16
天 津	TIANJIN	56	2	14	28	12	0
河 北	HEBEI	280	5	105	66	102	2
山 西	SHANXI	95	3	55	8	25	4
内蒙古	INNER MONGOLIA	211	2	38	84	83	4
辽 宁	LIAONING	231	3	60	106	53	9
吉 林	JILIN	123	3	18	37	39	26
黑龙江	HEILONGJIANG	203	3	39	87	72	2
上 海	SHANGHAI	71	3	35	33	0	0
江 苏	JIANGSU	411	10	118	96	187	0
浙 江	ZHEJIANG	301	9	123	72	89	8
安 徽	ANHUI	377	4	112	117	141	3
福 建	FUJIAN	97	4	53	17	23	0
江 西	JIANGXI	115	3	46	29	37	0
山 东	SHANDONG	496	6	132	175	178	5
河 南	HENAN	235	8	81	103	43	0
湖 北	HUBEI	243	6	84	86	63	4
湖 南	HUNAN	170	5	56	75	32	2
广 东	GUANGDONG	176	7	107	49	13	0
广 西	GUANGXI	149	2	81	58	8	0
海 南	HAINAN	37	3	14	14	6	0
重 庆	CHONGQING	105	4	44	31	25	1
四 川	SICHUAN	215	5	88	54	67	1
贵 州	GUIZHOU	68	2	22	28	16	0
云 南	YUNNAN	183	5	56	32	80	10
西 藏	TIBET	41	0	11	7	22	1
陕 西	SHAANXI	147	5	35	70	33	4
甘 肃	GANSU	157	3	41	48	63	2
青 海	QINGHAI	70	1	17	47	5	0
宁 夏	NINGXIA	35	3	10	14	8	0
新 疆	XINJIANG	262	5	54	89	90	24

8-2　2011年旅游景区基本情况

MAJOR STATISTIC OF TOURIST ATTRACTIONS 2011

地　区 LOCALITY		旅游景区总数（家） NUMBER OF TOURIST ATTRACTIONS	接待总人数（人次） VISITORS RECEIVED (PERSON)	营业收入（千元） TOTAL REVENUE (1000 RMB ¥)	#门票收入（千元） TICKETS (1000 RMB ¥)
总　计	**TOTAL**	**5 573**	**26.90**	**2 658.6**	**1 149.94**
北　京	BEIJING	213	2.43	55.2	36.76
天　津	TIANJIN	56	0.57	20.2	12.11
河　北	HEBEI	280	1.17	101.3	54.40
山　西	SHANXI	95	0.35	49.2	21.65
内蒙古	INNER MONGOLIA	211	0.27	13.1	6.15
辽　宁	LIAONING	231	1.49	679.4	128.78
吉　林	JILIN	123	0.20	38.4	16.31
黑龙江	HEILONGJIANG	203	0.32	13.6	6.28
上　海	SHANGHAI	71	0.27	6.5	3.57
江　苏	JIANGSU	411	2.78	61.0	25.29
浙　江	ZHEJIANG	301	1.68	589.9	322.25
安　徽	ANHUI	377	1.06	108.6	41.14
福　建	FUJIAN	97	0.54	17.4	9.75
江　西	JIANGXI	115	0.69	102.5	60.13
山　东	SHANDONG	496	2.49	229.2	136.90
河　南	HENAN	235	1.18	38.4	19.12
湖　北	HUBEI	243	0.72	132.1	51.31
湖　南	HUNAN	170	1.15	39.7	17.51
广　东	GUANGDONG	176	1.80	70.1	33.58
广　西	GUANGXI	149	0.62	3.6	1.31
海　南	HAINAN	37	0.21	12.4	6.76
重　庆	CHONGQING	105	0.75	26.7	17.39
四　川	SICHUAN	215	1.30	99.3	40.72
贵　州	GUIZHOU	68	0.22	13.1	6.54
云　南	YUNNAN	183	1.18	42.0	21.46
西　藏	TIBET	41	—	—	—
陕　西	SHAANXI	147	0.72	24.6	17.04
甘　肃	GANSU	157	0.28	17.9	6.77
青　海	QINGHAI	70	0.05	4.0	1.32
宁　夏	NINGXIA	35	0.08	6.1	6.91
新　疆	XINJIANG	262	0.33	43.1	20.73

九、旅游企事业单位基本情况

9. STATISTICS OF TOURISM ENTERPRISES

9－1　2011年旅游业从业人数

BREAKDOWN EMPLOYEES OF TOURISM INDUSTRY 2011

单位：人
UNIT：PERSON

地　区 LOCALITY		合　计 TOTAL	星级饭店 STAR－RATED HOTEL	旅行社 TRAVEL AGENCY	旅游景区 TOURIST ATTRACTION
总　计	**TOTAL**	**2 044 001**	**1 542 751**	**299 755**	**201 495**
北　京	BEIJING	145 466	117 872	20 934	6 660
天　津	TIANJIN	24 787	19 170	4 412	1 205
河　北	HEBEI	79 643	62 544	7 388	9 711
山　西	SHANXI	57 719	50 636	7 083	3453
内蒙古	INNER MONGOLIA	36 264	24 923	4 870	6 471
辽　宁	LIAONING	64 816	56 245	6 831	1 740
吉　林	JILIN	29 066	24 275	2 960	1 831
黑龙江	HEILONGJIANG	30 341	22 455	4 182	3 704
上　海	SHANGHAI	91 106	63 381	20 351	7 374
江　苏	JIANGSU	140 154	105 868	19 641	14 645
浙　江	ZHEJIANG	132 459	89 162	24 094	19 203
安　徽	ANHUI	55 840	43 033	9 217	3 590
福　建	FUJIAN	80 303	61 643	12 398	6 262
江　西	JIANGXI	41 791	32 517	6 848	2 426
山　东	SHANDONG	143 026	117 218	18 020	7 788
河　南	HENAN	70 164	47 139	9 139	13 886
湖　北	HUBEI	62 767	41 242	13 098	8 427
湖　南	HUNAN	80 615	60 190	13 435	6 990
广　东	GUANGDONG	226 539	164 812	35 408	26 319
广　西	GUANGXI	49 876	35 931	7 016	6 929
海　南	HAINAN	30 759	22 729	5 236	2 794
重　庆	CHONGQING	50 160	36 258	6 782	7 120
四　川	SICHUAN	70 756	53 980	7 096	9 680
贵　州	GUIZHOU	27 683	21 027	2 381	4 275
云　南	YUNNAN	62 679	40 419	13 470	8 790
西　藏	TIBET	6 023	4 717	1 306	—
陕　西	SHAANXI	57 077	45 778	6 769	4 530
甘　肃	GANSU	31 280	25 623	4 231	1 426
青　海	QINGHAI	8 741	7 245	1 355	141
宁　夏	NINGXIA	12 196	8 714	900	2 582
新　疆	XINJIANG	40 451	36 005	2 904	1 542

资料来源：国家旅游局
SOURCE：NATIONAL TOURISM ADMINISTRATION OF CHINA STATE STATISTICAL BUREAU

9－2 2011年全国旅游院校基本情况

MAJOR STATISTICS OF TOURISM SCHOOLS & COLLEGES 2011

地区 LOCALITY		旅游院校数(所) NUMBER OF TOURISM SCHOOLS AND COLLEGES			旅游院校学生数(人) NUMBER OF STUDENTS AT TOURISM SCHOOLS AND COLLEGES		
		总计 TOTAL	*高等院校 INSTITUTES OF HIGHER EDUCATION	**中等职业学校 SECONDARY VOCATIONAL SCHOOLS	总计 TOTAL	*高等院校 INSTITUTES OF HIGHER EDUCATION	**中等职业学校 SECONDARY VOCATIONAL SCHOOLS
总计	**TOTAL**	**2 208**	**1 115**	**1 093**	**1 083 335**	**599 828**	**483 386**
北京	BEIJING	101	67	34	23 628	12 143	11 485
天津	TIANJIN	19	15	4	13 541	9 441	4 100
河北	HEIBEI	55	35	20	21 492	16 226	5 266
山西	SHANXI	30	21	9	54 121	51 914	2 207
内蒙古	INNER MONGOLIA	19	6	13	12 119	4 502	7 617
辽宁	LIAONING	65	38	27	23 702	16 858	6 844
吉林	JILIN	21	14	7	7 363	6 151	1 212
黑龙江	HEILONGJIANG	48	38	10	21 848	9 637	12 211
上海	SHANGHAI	33	18	15	12 984	8 633	4 351
江苏	JIANGSU	139	104	35	61 902	49 716	12 186
浙江	ZHEJIANG	129	54	75	72 717	37 496	35 221
安徽	ANHUI	77	57	20	91 513	62 834	28 679
福建	FUJIAN	58	41	17	16 021	11 906	4 115
江西	JIANGXI	34	25	9	11 648	6 884	4 764
山东	SHANDONG	90	67	23	60 477	48 193	12 284
河南	HENAN	94	67	27	42 673	32 800	9 873
湖北	HUBEI	80	58	22	34 953	23 270	11 683
湖南	HUNAN	88	56	32	49 865	30 186	19 679
广东	GUANGDONG	241	76	165	134 740	53 126	81 614
广西	GUANGXI	59	36	23	42 368	18 531	23 837
海南	HAINAN	67	22	45	38 317	11 798	26 519
四川	SICHUAN	91	27	64	47 486	13 141	34 345
重庆	CHONGQING	285	65	220	129 413	27 437	101 976
贵州	GUIZHOU	37	16	21	10 849	7 420	3 429
云南	YUNNAN	161	34	127	21 503	12 115	9 267
西藏	TIBET	3	3	0	1 069	1 069	0
陕西	SHAANXI	34	24	10	14 705	8 654	6 051
甘肃	GANSU	21	9	12	4 170	2 864	1 306
青海	QINGHAI	7	5	2	2 241	1 893	348
宁夏	NINGXIA	6	4	2	1 666	1 070	596
新疆	XINJIANG	16	13	3	2 241	1 920	321

注：* 高等院校指旅游高等院校及开设旅游系(专业)的普通高等院校和成人高等院校。

** 中等职业学校指旅游中等专业学校、旅游职业高中及开设旅游专业的其他中等专业学校、职业高中和技校。

NOTES: * TOURISM INSTITUTES: TOURISM COLLEGES AND ORDINARY INSTITUTES OF HIGHER EDUCATION WITH TOURISM DEPARTMENTS.

** SECONDARY VOCATIONAL SCHOOLS: SECONDARY TOURISM PROFESSIONAL SCHOOLS, VOCATIONAL TOURISM HIGH SCHOOLS, TOURISM CLASSES AT OTHER SECONDARY PROFESSIONAL SCHOOL, VOCATIONAL HIGH SCHOOL AND TECHNIC SCHOOL.

附　　录

APPENDIX

旅游统计基本概念和主要指标解释

1. 游客：指任何为休闲、娱乐、观光、度假、探亲访友、就医疗养、购物、参加会议或从事经济、文化、体育、宗教活动，离开常住国（或常住地）到其他国家（或地方），其连续停留时间不超过12个月，并且在其他国家（或其他地方）的主要目的不是通过所从事的活动获取报酬的人。

游客不包括因工作或学习在两地有规律往返的人。

游客按出游地分为国际游客（即入境游客）和国内游客。按出游时间分为旅游者（过夜游客）和一日游游客（不过夜游客）。

2. 常住国：指一个人在近一年的大部分时间所居住的国家（或地区）或在这个国家（或地区）只居住了较短的时间，但在12个月内仍将返回的这个国家（或地区）。

3. 常住地：指一个常住国的居民，在近一年的大部分时间所居住的城镇或在这个城镇只居住了较短的时期，但在12个月内仍将返回的这个城镇。判定一个游客是国际游客还是国内游客不是根据这个游客的国籍而是根据他的常住国或常住地而定。

4. 入境旅游人数：指报告期内来我国观光、度假、探亲访友、就医疗养、购物、参加会议或从事经济、文化、体育、宗教活动的外国人、港澳台同胞等入境游客。统计时，外国人、港澳台同胞每入境一次统计1人次，即入境旅游人数。

入境旅游人数包括入境（过夜）旅游者和入境一日游游客。

5. 入境（过夜）旅游者：指入境游客中，在我国旅游住宿设施内至少停留一夜的外国人、华侨、港澳台同胞。

入境（过夜）旅游者不包括下列人员：① 应邀来华访问的政府部长以上官员及其随行人员；② 外国驻华使领馆官员、外交人员以及随行的家庭服务人员和受赡养者；③ 常驻我国一年以上的外国专家、留学生、记者、商务机构人员等；④ 乘坐国际航班过境不需要通过护照检查进入我国口岸的中转旅客；⑤ 边境地区往来的边民；⑥ 回内地（大陆）定居的港澳台同胞；⑦ 已在我国定居的外国人和原已出境又返回在我国定居的外国侨民；⑧ 归国的我国出国人员。

6. 入境一日游游客：指入境游客中，未在我国旅游住宿设施内过夜的外国人、华侨、港澳台同胞。入境一日游游客应包括乘坐游船、游艇、火车、汽车来华旅游，在车（船）上过夜的游客和机、车、船上乘务人员，但不包括在境外（内）居住而在境内（外）工作，当天往返的港澳同胞和周边国家的边民。

7. 国内游客：指报告期内在国内观光游览、度假、探亲访友、就医疗养、购物、参加会议或从事经济、文化、体育、宗教活动的本国居民，其出游的目的不是通过所从事的活动谋取报酬。统计时，国内游客按每出游一次统计 1 人次。国内游客包括国内（过夜）旅游者和国内一日游游客。

8. 国内（过夜）旅游者：指国内居民离开惯常居住地在境内其他地方的旅游住宿设施内至少停留一夜，最长不超过 12 个月的国内游客。国内旅游者应包括在我国境内常住一年以上的外国人、港澳台同胞。但不包括到各地巡视工作的部级以上领导、驻外地办事机构的临时工作人员、调遣的武装人员、到外地学习的学生、到基层锻炼的干部、到境内其他地区定居的人员和无固定居住地的无业游民。

9. 国内一日游游客：指国内居民离开惯常居住地 10 公里以上，出游时间超过 6 小时，不足 24 小时，并未在境内其他地方的旅游住宿设施过夜的国内游客。

10. 国籍：是指给游客颁发护照（或其他身份文件）的政府所在的国家。

11. 外国人：指属外国国籍的人，加入外国国籍的中国血统华人也计入外国人。

12. 港澳台同胞：指居住在我国香港特别行政区、澳门特别行政区和台湾省的中国同胞。

13. 职业：旅游者在本次旅游前所从事的职业。

14. 出境游客（出境旅游人数）：指我国（大陆）公民因公或因私出境前往其他国家或地区观光、度假、探亲访友、就医疗养、购物、参加会议或从事经济、文化、体育、宗教活动的人数（即出境游客）。统计时，出境游客按每出境一次统计 1 人次。出境游客包括出境（过夜）旅游者和出境一日游游客。

15. 出境（过夜）旅游者：指我国大陆居民出境旅游，并在境外其他国家或地区的旅游住宿设施至少停留一夜的游客。

16. 出境一日游游客：指我国大陆居民出境旅游，在境外停留时间不超过 24 小时，并未在境外其他国家或地区的旅游住宿设施内过夜的游客。

17. 旅游收入：游客（入境游客和国内游客）在旅游过程中（由游客或游客的代表为游客）支付的一切旅游支出就是国家（省、区、市）的旅游收入。游客的旅游支出应包括（过夜）旅游者和一日游游客在整个游程中行、游、住、食、购、娱，以及为亲友、家人购买纪念品、礼品等方面的旅游支出，不包括为商业目的购物、购买房、地、车、船等资本性或交易性的投资、馈赠亲友的现金及给公共机构的捐赠。旅游收入包括国际旅游（外汇）收入和国内旅游收入。

18. 国际旅游（外汇）收入：入境旅游者在中国（大陆）境内旅行、游览过程中用于交通、参观游览、住宿、餐饮、购物、娱乐等全部花费。

19. 国内旅游收入：指国内旅游者在国内旅行、游览过程中用于交通、参观游览、住宿、餐饮、购物、娱乐等全部花费。

20. 团体入境游客（简称“团队”）：指参加旅游团（通常采用综合包价、小包价、国际会议、海洋游船、应邀来访及临时组织的旅游团等形式）来中国大陆旅游的入境旅游者及入境一日游游客。

21. 提供单项服务人数：指未参加旅游团来中国大陆旅游或仅由旅行社办理委托手续（包括接送、预订饭店、订机（车、船）票、导游等服务项目），并按零星价格承办而不参加旅行团的入境旅游者及入境一日游游客。

22. 旅行社外联入境游客人数：指报告期内旅行社自组外联的入境游客人数，反映旅行社对外招徕的能力。旅行社按以下要求统计外联人数：①国际游客入境后不论其停留时间多少、旅游线路长短，只统计一次；②旅行社只统计本社自主外联团的实到人数，非本社外联，仅由本社接受委托办理签证的人数不包括在内。

23. 旅行社接待入境游客人数：指报告期内旅行社实际接待的团队及零散入境旅游者和入境一日游游客人数，以反映旅行社的接待工作量。旅行社接待入境游客的人数，既包括本社外联并接待的团队游客，也包括接受其他旅行社委托接待的团队游客。

24. 旅行社外联入境旅游者人天数：指报告期内旅行社外联的每个入境旅游者在境内实际停留的天数之和。仅委托办理有关手续或提供单项服务的零散入境游客不计算人天。外联一日游游客超过 6 小时的按 1 人天统计。

25. 旅行社接待入境旅游者人天数：指报告期内旅行社接待的每个入境旅游者在本省、市实际停留的天数之和。仅委托办理有关手续或提供单项服务的零散入境游客不计算人天。

26. 国内旅游组团人数（人天数）：指报告期内旅行社招徕组织国内团队游客人数（人天数）。组团人数包括国内旅游者人数和国内一日游游客人数。

27. 国内旅游接待人数（人天数）：指报告期内旅行社接待国内团队游客人数（人天数）。接待人数（人天数）包括本社组团本社接待和外社组团本社接待的国内游客人数（人天数）。

28. 旅游住宿设施（旅馆业）：指任何定期（或临时）为旅游者提供住宿条件的设施。旅游住宿设施包括星级饭店、宾馆、公寓、旅店、招待所、江河及海洋游船、培训中心、疗养院、度假村、假日营地、私人寓所、家庭住宅的出租客房及亲友提供的免费住宿设施等。

29. 星级饭店：指已评定星级的饭店。

30. 星级饭店接待人数（人天数）：指报告期内旅游者在星级饭店住宿的人数（人天数）。不论其住宿夜数多少，每接待一位旅游者只统计一次人数；一个旅游者住宿几夜，相应计算几个人天数。

31. 客房出租率：指报告期内客房实际出租间天数除以报告期内客房可出租间天数的百分数。其计算公式为：

$$\text{客房出租率（\%）} = \frac{\sum \text{客房实际出租间天数（间天）}}{\sum \text{客房核定出租间天数（间天）}} \times 100$$

32. 客房实际平均价格：指报告期内旅游饭店（宾馆）、公寓、涉外游船实际出租客房、公寓的平均价格。其计算公式为：

客房实际平均价格（元/间天）=客房收入（元）/客房实际出租间天数（间天）

33. 营业收入：指企业各项经营业务的收入。饭店（宾馆）、写字楼、公寓、旅店的营业收入（总额），包括客房收入、餐饮收入、商品部收入、车队收入、其他收入等；旅行社的营业收入（总额），包括综合服务收入、组团外联收入、零星服务收入、劳务收入、票务收入、旅游及加项收入、其他收入等；酒楼、餐馆等饮食企业的营业收入包括餐费收入、冷热饮收入、服务收入、其他收入等；从事咨询服务的咨询公司的服务收入，也计入本科目。

旅行社（不论是组团社还是接团社）组织境外旅游者到国内旅游，应以旅行团队离境（或离开本地）时确认营业收入实现；旅行社组织国内旅游者到境外旅游，应以旅行团旅行结束返回时确认营业收入实现；旅行社组织国内旅游者在国内旅游，也应以旅行团旅行结束返回时确认营业收入实现。

旅行社、旅游饭店营业收入不包括本单位直属其他独立核算企业的营业收入。

34. 营业税金及附加（即业务税金及附加）：指企业与营业收入有关的，应由各项经营业务负担的税金及附加，包括营业税、城市维护建设税及教育费附加等。饭店（宾馆）、公寓、旅店、酒楼、餐馆等企业应按营业收入的一定比例计算缴纳营业税；旅行社应按营业收入净额（营业收入总额扣除代收代付的房费、餐费、交通费等费用）计算缴纳营业税。

35. 经营利润：指企业经营取得的收入，也可理解是一种毛利润，经营利润等于营业收入减去营业成本、营业费用、营业税金及附加。

36. 营业利润：是利润总额的主要组成部分。指企业经营利润减去管理费用、财务费用后的差额。

37. 利润总额：指企业在一定时期内实现的盈亏总额，反映企业最终的财务成果。计算公式为：

利润总额 = 营业利润 + 补贴收入 + 投资收益 + 营业外收入 − 营业外支出

该指标如小于零，表示亏损。

38. 固定资产原价：指企业在建造、购置、安装、改建、扩建、技术改造某项固定资产时所支出的全部货币总额。

39. 固定资产净值：指企业固定资产原价扣除累计折旧后的余额。

40. 年末从业人员：指年度末由企业支付工资的各类职工（包括正式职工、合同制职工、临时工、计划外用工等）的人数。

41. 企业登记注册类型：以企业在工商部门登记注册时的企业类型为依据，按国家统计局与国家工商行政管理局联合制定的《关于划分企业登记注册类型的规定》分为：内资企业、港澳台商投资企业、外商投资企业。内资企业包括：国有企业、集体企业、股份合作企业、有限责任公司、股份有限公司、私营企业和其他企业。港澳台商投资企业包括：合资经营企业、合作经营企业、港澳台商独资企业和港澳台商投资股份有限公司。外商投资企业包括：中外合资经营企业、中外合作经营企业、外资（独资）企业、外商投资股份有限公司。

42. 旅游高等院校：指国家承认学历、开设旅游学院（系、专业）的普通高等院校和成人高等院校。

43. 旅游中等职业学校：指国家承认学历的旅游中等专业学校、旅游职业中学（高中）及开设旅游专业班的技校和普通中学。

TECHNICAL NOTES

1. **Visitor** – refers to any person who travels to a country (or place) other than that of his or her residence for a period not exceeding 12 months for leisure, entertainment, sightseeing, holiday, visiting relatives or friends, medical care, shopping, meeting, or taking part in economic, cultural, sports or religious activities, where the main purpose of the travel is not for remuneration.

A visitor does not refer to any person who commutes between two places regularly for career or education.

According to the origin of the travel, visitors are classified as international visitors (i. e., inbound visitors) and domestic visitors. According to the length of stay, visitors are classified as tourists (i. e., overnight visitors) and same-day visitors (non-overnight visitors).

2. **Country of Residence** – refers to the country (or region) where a person resides for most of the time over the past year, or for a short period of time but then the person returns within 12 months.

3. **Place of Residence** – refers to the city (or town) where a person resides for most of the time over the past year, or for a short period of time but the person returns within 12 month. The criterion to classify whether a visitor is an international visitor or a domestic visitor is not the person's citizenship, but his or her country of residence or place of residence.

4. **International Visitors (Inbound Visitor Arrivals)** – refer to foreigners or compatriots from Hong Kong, Macao and Taiwan who come to China within the reporting time frame for sightseeing, holiday, visiting friends and relatives, medical care, shopping, meeting, or taking part in economic, cultural, sports or religious activities. Each time of entry is recorded as one time of arrival, and the total sum makes up the inbound visitor arrivals.

Inbound visitor arrivals (international visitors) include inbound (overnight) tourists and inbound same-day visitors.

5. **Inbound (overnight) tourists** – refer to those inbound visitors who stay at least for one night at tourist accommodation establishments in China.

Inbound (overnight) tourists do not include following persons:

(1) Officials of ministerial level or above and their aids and escorts who come to visit China at the invitation of Chinese;

(2) Officials and diplomats of foreign diplomatic missions to China, including their household service people and dependents;

(3) Foreign experts, students, journalists, trade representatives who stay in China over one year;

(4) Transit passengers of international flights without going through Chinese frontier checks;

(5) Border residents;

(6) Compatriots from Hong Kong, Macao and Taiwan who reside in the mainland permanently;

(7) Foreigners who has already become residents in the country or who left the country but has returned to reside in the country;

(8) Chinese nationals who return from foreign countries.

6. **Inbound Same-day Visitors** - refer to those inbound visitors who do not stay overnight in the tourist accommodation establishments. They include visitors, drivers, crewmembers who stay overnight on board of cruise ships, yachts, trains or motor vehicles, but they do not include those compatriots from Hong Kong, Macao and Taiwan and those residents of the bordering countries who reside outside (inside) while work inside (outside) China.

7. **Domestic Visitors** - refer to Chinese nationals who travel within the country within the reporting time frame for sightseeing, holiday, visiting friends and relatives, medical care, meeting, or taking part in economic, cultural, sports or religious activities. Their purposes of travel are not for remuneration from the activities afore mentioned. Each time of their travel is recorded as one person time. Domestic visitors include domestic (overnight) tourists and domestic same-day visitors.

8. **Domestic Tourist** - refers to any residents of the country who leaves his or her usual place of residence and travels to another place within the country and stay at least one night but not exceeding 12 months at the tourist accommodation establishments, where the main purpose of the travel is not for remuneration. Domestic tourists should include those foreigners and compatriots from Hong Kong, Macao and Taiwan who reside in the country over one year; They do not include officials at the ministerial level and above on inspection trips, temporary staff members in the offices

in other cities, military staff mobilized to other areas, students studying in other places of the country, government employees on field training, people who travel to another place to reside, and people without fixed residence.

9. **Domestic Same-day Visitor** – refers to a resident of the country who leaves his or her usual place of residence over 10 kilometers away for over 6 hours but less than 24 hours and does not stay overnight in the tourist accommodation establishments in other places.

10. **Citizenship** – refers to the country where the government issues the passport (or other identification documents) to a visitor.

11. **Foreigners** – refer to persons with foreign citizenship, including Chinese descents who have acquired foreign citizenship.

12. **Compatriots of Hong Kong, Macao and Taiwan** – refer to the Chinese compatriots who reside in Hong Kong Special Administrative Region, Macao Special Administrative Region and Taiwan province.

13. **Occupation** – refers to the occupation a visitor holds before the trip.

14. **Outbound Visitor (outbound departure)** – refers to a Chinese (mainland) citizen who departs from China to a foreign country (or region) for leisure, entertainment, sightseeing, holiday, visiting relatives or friends, medical care, shopping, meeting, or taking part in economic, cultural, sports or religious activities. Each time of departure is recorded as one person time. Outbound visitors include outbound (overnight) tourists and outbound same-day visitors.

15. **Outbound Tourist** – refers to a resident of the mainland who departs the country for travel and stays at least one night at the tourist accommodation establishments in another country or region.

16. **Outbound Same-day Visitor** – refers to a resident of the mainland China who makes an outbound travel for less than 24 hours and does not stay overnight in the tourist accommodation establishments in the country or region.

17. **Tourism Receipts** – all the expenditures made by visitors (inbound visitors and domestic visitors) or by representatives of the visitors in the course of their travel constitute the tourism receipts of a country (province, region, city). Tourism expenditures of visitors should include expenses made by (overnight) tourists and same-day visitors throughout their travel on transport, tours, lodging, food, shopping, entertainment, and souvenirs and gifts for friends and relatives. Tourism expenditures do not include purchases of goods, real estate, house, motor vehicle, water vessel for

commercial purposes, neither include capital nor transactional investments, cash given to friends and relatives, donations to public organizations. Tourism receipts include international tourism (foreign exchange) receipts and domestic tourism receipts.

18. **International Tourism (foreign exchange) Receipts** – refer to the total expenditure made by inbound tourists within the territory of China (the mainland) in their course of travel on transport, tours and sightseeing, lodging, food and beverage, shopping, entertainment and etc.

19. **Domestic Tourism Receipts** – refer to the total expenditure made by domestic tourists within the territory of China (the mainland) in their course of travel on transport, tours and sightseeing, lodging, food and beverage, shopping, entertainment and etc.

20. **Group Inbound Visitors ("Groups" for short)** – refer to inbound tourists and same-day visitors who travel to the mainland China as groups (usually the groups are in the form of all-inclusive packages, small packages, international conferences, cruise liners, invited groups and temporarily organized tourist groups).

21. **Number of Visitors Requiring Individual Services** – refer to inbound tourists and inbound same-day visitors who do not join in tour groups but entrust travel agents to handle travel procedures (including pick-up and seeing-off, hotel booking, ticket reservation, guide service etc). The service charges are based on those for walk-in customers.

22. **Number of Inbound Visitors Liaised by Travel Agencies** – refers to the number of inbound visitors liaised by any travel agency within the reporting time frame. It reflects the sales abilities of travel agencies. Travel agencies are required to record the number of inbound visitors according to: (1) Upon arrival, the entry of international visitors is recorded only once no matter how long they will stay and how long their itineraries are; (2) Travel agencies record only the actual arrival number of visitors liaised by the travel agencies concerned, excluding the number of visitors liaised by other travel agencies but whose visas are processed by the travel agencies concerned.

23. **Number of Inbound Visitors Received by Travel Agencies** – refers to the number of group and independent inbound tourists and inbound same-day visitors actually received by the travel agencies concerned within the reporting time frame. This indicator reflects the work load of travel agencies. It includes not only group visitors liaised and received by the travel agencies concerned but also group visitors

entrusted by other travel agencies.

24. **Number of Days of Inbound Tourists Liaised by Travel Agencies** – refers to the sum of the days of actual stay of each inbound tourist liaised by travel agencies concerned in a given area within the reporting time frame.

25. **Number of Days of Inbound Tourists Received by Travel Agencies** – refers to the sum of the days of actual stay of each inbound tourist received by travel agencies concerned in a given area within the reporting time frame.

26. **Number of Domestic Group Visitors (Days)** – refer to the number of domestic group visitors (days) liaised by travel agencies within the reporting time frame. They include domestic group tourists (days) and domestic group same-day visitors (days).

27. **Number of Domestic Visitors (Days) Received by Travel Agencies** – refer to the number of domestic group visitors (days) received by travel agencies within the reporting time frame. They include domestic visitors organized and received by the travel agencies concerned and domestic visitors organized by other travel agencies but received by the travel agencies concerned.

28. **Tourist Accommodation Establishments (Hotel Industry)** – refer to all kinds of establishments that can accommodate tourists regularly or temporarily. They include star-rated hotels, apartments, inns, guesthouses, cruise ships and boats, training centers, sanatoriums, holiday resorts, campsites, private dwellings, family rental rooms and lodging facilities provided by relatives and friends.

29. **Star-Rated Hotels** – refer to accommodation establishments which are star-rated.

30. **Number of Tourists (Nights) Received at star-Rated hotels** – refers to the number of tourists (nights) received at Star-Rated hotels within the reporting time frame. No matter how many nights a tourist stays, each tourist is recorded only once. The number of nights a tourist stays at a hotel equals the number of tourist nights.

31. **Room Occupancy Rate** – refers to the number of rooms (nights) actually sold divided by the number of rooms (nights) available within the reporting time frame. The formula is as follows:

$$\text{Room Occupancy Rate (\%)} = \frac{\text{Number of Rooms (Nights) Actually Sold}}{\text{Number of Rooms (nights) available}} \times 100\%$$

32. **Actual Average Room Rate** – refers to the actual average price of rooms of tourist hotels, apartments and cruise ships. The formula goes:

Actual average room rate (Yuan/Room Day) = Room sales (Yuan) / Actual number of rooms sold days.

33. **Business Income** – incomes from business operations of an enterprise. Business income of hotels, office buildings, apartments and inns includes sales from rooms, catering, shopping, transport services and other incomes; Business income of travel agencies includes inclusive service charges, handling charges from organizing groups, odd services, labor service, ticketing service, tours and extra service charges, and other incomes; Business incomes of restaurants includes food and beverage sales, service charges, and other incomes; Incomes of consulting services provided by consultant firms are also recorded under this item.

For travel agencies (organizing companies and reception companies) handling inbound tourists, only the realized business incomes upon the departure of the tourist groups from the country (or local area) should be recorded as their business incomes; For travel agencies handling outbound tourists, only the actual realized incomes upon returning of the tourist groups should be recorded as their business income; For travel agencies handling domestic tourists, only the actual realized incomes upon returning of the tourist groups should be recorded as their business income. The business income of the travel agencies or hotels does not include that of their subsidiary enterprises which have independent accounting.

34. **Business Tax and Additional Levies** – refer to taxes and additional levies related to enterprises' business income, including business tax, urban maintenance and construction tax, and additional education levies. Business tax of hotels, apartments, restaurants should be paid based on a certain percentage of the business income; Business tax of travel agencies should be paid based on a certain percentage of net income.

35. **Operational Revenue** – refers to incomes gained from business operations. It can be understood as one type of gross profit. Operational revenue equals to business income minus business cost, business expenses, business tax and additional levies.

36. **Business Revenue** – is the main body of the gross profit. It refers to operational revenue minus management fees, accounting fees.

37. **Gross Profit** – refers to the balance of total profits and losses within a given period. This indicator reflects the final accounting result. The formula is: Gross profit = business revenue + subsidies income + investment returns + incomes from outside business activities – expenditures outside business activities. If this indicator is small than zero, it stands for loss.

38. **Original Value of Fixed Assets** – refer to the total cash value of the fixed assets of an enterprise when they are set up, purchased, installed, renovated, expanded or technically upgraded.

39. **Net Value of Fixed Assets** – refers to the balance of the original value of fixed assets and accumulated depreciation.

40. **Employment at the End of the Year** – refers to the total number of employees on the payroll at the end of the year. The employees include formal, contract, temporary staff and recruits outside planned employment.

41. **Category of Enterprise at Registration** – According to the categories of enterprises at registration with industrial and commercial registration offices and basing on the "Regulation on Classifying Categories of Enterprises at Registration" formulated by National Statistics Bureau and National Industrial and Commercial Administration Bureau, enterprises are classified into following categories: domestic-invested Enterprises, enterprises with Investment from Hong Kong, Macao, or Taiwan, foreign-invested Enterprises. Domestic-invested enterprises include state-owned enterprises, collective-owned enterprises, share holding co-operative enterprises, limited liability enterprises, limited liability shares enterprises, private enterprises, and other categories of enterprises; Enterprises with investment from Hong Kong, Macao, or Taiwan include joint-venture enterprises, co-operative enterprises, fully-Hong Kong, Macao or Taiwan-invested enterprises, and limited liability shares enterprises with Hong Kong, Macao or Taiwan investment; Foreign invested enterprises include Sino-foreign joint-venture enterprises, Sino-foreign co-operative enterprises, fully foreign invested enterprises, limited liability shares enterprises with foreign investment.

42. **Higher Learning Institutions in Tourism** – refer to ordinary higher learning institutions or adult higher learning institutions which have tourism institutes or department or specialty and which grant state recognized educational certificates.

43. **Technical Schools in Tourism** – refer to tourism technical schools, or tourism professional middle (high) schools, or other technical schools or ordinary middle schools which offer tourism courses and grant state recognized educational certificates.

责任编辑：王　军

责任印制：冯冬青

图书在版编目（CIP）数据

中国旅游统计年鉴. 2012：汉英对照/中华人民共和国国家旅游局编. --北京：中国旅游出版社，2012. 12

ISBN 978 -7 -5032 -4610 -4

Ⅰ.①中… Ⅱ.①中… Ⅲ.①旅游业 - 统计资料 - 中国 - 2012 - 年鉴 - 汉、英 Ⅳ.①F592 - 66

中国版本图书馆 CIP 数据核字（2012）第 284807 号

书　　名：中国旅游统计年鉴 2012

编　　著：中华人民共和国国家旅游局

出版发行：中国旅游出版社

（北京建国门内大街甲 9 号　邮编：100005）

http：//www.cttp.net.cn　E-mail：cttp@cnta.gov.cn

发行部电话：010 - 85166503

排　　版：北京中文天地文化艺术有限公司

经　　销：全国各地新华书店

印　　刷：北京工商事务印刷有限公司

版　　次：2012 年 12 月第 1 版　2012 年 12 月第 1 次印刷

开　　本：787 毫米 ×1092 毫米　1/16

印　　张：10

字　　数：220 千

定　　价：80.00 元

I S B N　978 -7 -5032 -4610 -4